sui

# Felix Rexhausen

## *Zaunwerk*

### Szenen aus dem Gesträuch

Aus dem Nachlass
herausgegeben von
Benedikt Wolf

Männerschwarm Verlag

Bibliothek rosa Winkel
Band 79


Umschlagmotiv:
Felix Rexhausen in den 1960er Jahren
Mit freundlicher Genehmigung
der Fotografin Georgia Gembardt

Umschlaggestaltung:
Carsten Kudlik (Bremen)


Gedruckt mit Unterstützung des
KARL-HEINRICH-ULRICHS-FONDS
der Hannchen-Mehrzweck-Stiftung
(www.hms-stiftung.de)

# Felix Rexhausen

## *Zaunwerk*

### Szenen aus dem Gesträuch

*Das Gesträuch ist überall. Wenn Sie hinein-*
*sähen, Sie würden Ihren Sohn, Ihren Freund,*
*Ihren Bruder entdecken. Wenn Sie hineinsähen,*
*Sie würden sich abwenden. Wenn Sie hinein-*
*sähen, Sie würden finden, daß so niemand leben*
*darf. Und tiefer verlören sich die Schatten in*
*das Gesträuch.*

Dieses Buch ist kein Roman, enthält keine Sammlung von poetischen Reflexionen oder Erzählungen, bietet nichts, was Anspruch darauf erhöbe, Gegenstand einer literarischen Diskussion zu werden. Ihm geht es lediglich darum, einen bestimmten Ausschnitt gesellschaftlicher Wirklichkeit zu zeigen, und wenn man gemeinhin eine Arbeit, die in nicht-wissenschaftlicher Weise Antwort gibt auf die Frage »Wie leben Leute, die und die Leute?« eine Reportage nennt, dann ist diese Arbeit eine Reportage. Sie unterscheidet sich von anderen Reportagen lediglich durch einen Mangel an Präzision, insofern sie die Identität von Orten und Personen im Unbestimmten läßt; dies freilich war angesichts des Themas unvermeidlich.

Das Thema, zu dem hier berichtet wird, ist die Lebenswirklichkeit der Homosexuellen, und die Antwort, die dieser Bericht versucht, ist eine Antwort auf die Frage: »Wie leben Homosexuelle – hier, in dieser Gesellschaft der Bundesrepublik, heute, in den Sechzigerjahren des 20. Jahrhunderts?«

Mein Bericht ist trocken und streckenweise vermutlich langweiliger, als mancher Leser erwartet. Er ist weder mit psychologischen und soziologischen Analysen garniert noch kann er mit irgendwelchen sensationellen Enthüllungen aufwarten. Er hat kein »Anliegen«: Er will weder etwas beschönigen und verklären noch jemanden anklagen; er will überhaupt nichts anderes, als die Wirklichkeit abschildern. Ich stelle Szenen dar, von denen keine erfunden ist, ich gebe Beobachtungen wieder, ohne Spekulation und ohne Kommentar, ich sage: »So leben, so verhalten sich Leute«; ich greife nichts an, ich werbe für nichts – es sei denn dafür, daß man die Wirklichkeit zur Kenntnis nehmen möchte: eine Wirklichkeit, die für Tausende und Tausende die Wirklichkeit ihres Lebens ist.

So wie jemand, der sich in einem fremden Lande aufhält, für seine Bekannten daheim ein paar Szenen von der Straße, vom Markt, aus den Häusern aufschreibt, um so einen Eindruck von dem alltäglichen Leben dieses Landes zu geben, so habe ich hier eine Reihe von Szenen aufgeschrieben, die zusammen ein mosaikartiges Bild von jenem unbekannten Land liefern, das mitten in unserer Gesellschaft liegt – einem Land, aus dem keine Nachrichten herausdringen und in das kein Fremder eindringen kann. Dieser Bericht ist nicht geschrieben, um irgendwen oder irgendetwas sympathischer, ja noch nicht einmal, um irgendwelche Personen oder ihr Verhalten verständlicher zu machen; wohl aber denke ich, daß er in der gegenwärtigen Diskussion um die Homosexualität manche Vorstellung zurechtrücken kann – sowohl bei denen, die in diesem Bereich die bloße moralische Verderbtheit wittern und also attackieren wollen, wie bei denen, die wohlmeinend auf den seelischen Reichtum lebenslanger Partnerschaften von Homosexuellen hinweisen, annehmend, dies sei der Regelfall, und für vergänglichere Beziehungen, zumal solche zwischen Älteren und Jüngeren, die alten Griechen zu Zeugen anrufen. Aber wir sind nicht die alten Griechen; solche und manche andere Vorstellung entspringen einfach blanker Unkenntnis über unsere Gesellschaft und die Homosexuellen in ihr.

Soweit meine Darstellung Wiederholungen enthält, sind diese weder der Nachlässigkeit des Autors noch seinem Sinn für Marotten zu danken – sie sind bei der Abschilderung von Wirklichkeit einfach unvermeidlich: Was häufig vorkommt, muß auch häufig genannt werden. Im übrigen muß ich

darauf hinweisen, daß mein Bericht insofern nicht ganz voll-
ständig ist, als er nur die »mittlere Ebene« berücksichtigt, nur
vom »Durchschnitt« handelt – ich führe weder die mit der
Homosexualität verknüpfte kriminelle Unterwelt vor noch
spreche ich über die Klicken- und Günstlingswirtschaft, die
einflußreiche Invertierte sicher auch in Deutschland unterhalten; über beides habe ich zu wenig konkrete Informa-
tionen, und zudem schien es mir wichtiger, von dem alltäglichen Leben der Vielen zu reden als das Augenmerk auf das
in diesem Bereich Exzeptionelle zu lenken.

Zum Abschluß sei noch einmal betont, daß mit
Ausnahme der handelnden Personen nichts in der folgenden
Darstellung erfunden ist.

DIE KIRSCHENZEIT war vorbei, schon konnte man auf die Augustäpfel rechnen, an den hochgewordenen Stauden, die von runden Holzstäben gehalten wurden, brannten die ersten roten Tomaten. Es war Sommer, Sommer, und der blaßblaue Himmel war hoch über all dem Grün. In jedem Sommernachmittag gibt es eine Strecke, da man nicht weiß, wie weit der lange Tag schon fortgeschritten ist, und erst recht drinnen in der Hecke, da ist das Licht immer gleich diffus.

Der Knick lag ein Stück hinter dem Garten und bestand aus Rotdorn und Weißdorn und Vogelbeeren, aus Hasel- und Buchenbüschen, die nicht vorankamen, und gegen den Zaun zu schlugen sich Brombeerranken hoch. Hier hatten sich die vier oder fünf Jungen mit ihren Taschenmessern ein Hauptquartier zurechtgeschnitten, hier hatten sie einen geheimen Kasten vergraben und eine Schachtel Zigaretten versteckt.

Der Garten war still, ferne klapperte Geschirr, auf der Straße am Feld hinter ihnen fuhr in regelmäßigen Abständen ein Lastwagen mit Kies vorbei. Willi war ein paar Jahre älter als Roland; Roland war zwölf. Sie warteten auf die anderen. Die schienen nicht zu kommen, und es war ihnen gleichgültig.

»Drüben an der Ecke hab ich gestern 'nen Präser gefunden«, sagte Willi. Roland nickte. »Kann man hier öfter finden. Heinz Brand und Jürgen sammeln die. Die gehn immer dahinten beim Waldbach entlang, und mit 'nem Stöckchen tun sie sie in eine kleine Schachtel. Haben schon neun oder zehn.« Willi zuckte die Achseln. »Da beim Waldbach hab ich auch schon mal welche ficken sehn«, sagte er, und Roland sah ihn gespannt an.

»Der Mann lag auf der Frau, in 'ner Kuhle, und plötzlich hob er den Kopf, da hat er uns gehört. Da sind wir weggerannt, Hermann sagt, ihm hat so einer mal 'nen Stein nachgeschmissen.« »Warst du da mit Hermann?« fragte Roland. »Und Kurt Lehmann. Der hat schon oft welche gesehen da«, antwortete Willi.

Roland brach ein trockenes Stöckchen durch, das er in der Hand gehalten hatte. »Hast du schon mal mit 'nem Mädchen, so richtig?« fragte er und sah Willi an. »Nee«, sagte Willi, »bloß voriges Jahr, wie ich auf dem Bauernhof war, da hat mich die Magd mal ihren Busen anfassen lassen. Mehr wollt sie nicht, hat sie gesagt, sie wollte keine kleinen Kinder vernaschen, und außerdem könnt ich ja doch das Maul nicht halten, und dann kriegte sie Ärger mit Paul. Paul war der Knecht.« »Möcht' ich auch 'mal«, sagte Roland, »bei mir aufm Bauernhof die Mägde waren doof, und die waren, glaub ich, alle verheiratet. Mensch, aber wenn sie einen an den Busen ranlassen, dann können sie auch mal mit einem in die Scheune gehen. Sowas ist immer in der Scheune, im Stroh.« »Das mit der Waltraut, das war im Kuhstall«, sagte Willi. Und, nach einer Weile: »Hat deine Schwester schon mal?« »Die ist ja schon verlobt«, antwortete Roland, »wahrscheinlich. Ich weiß nicht.« »Nee, die andere«, sagte Willi, »bei der anderen ist das doch klar. Ich meine die Hilde.« Roland wußte nicht, vielleicht, vielleicht nicht, ihren zweiten Freund hatte sie ja schon. »Der Erich hat gesagt, er hätte schon dreimal mit ihr«, sagte Willi, »aber das ist ja so 'n Angeber. Vielleicht einmal.« Roland versuchte sich vorzustellen, wie Erich auf seiner fast siebzehnjährigen Schwester Hilde lag. Und wo das gewesen sein könnte; vielleicht auch in der Kuhle am Waldbach.

»Der Erich war auch schon ein paarmal im Puff«, sagte Willi. Daß Erich auch Bilder aus dem Puff hatte, sagte er

Roland nicht, der quatschte das vielleicht aus, und Erich hatte gesagt, das geht die Hilde nichts an. »Und das ist wahr, da war er mit Horst, das weiß ich«, sagte Willi und schob eine Hand in die Hosentasche.

»Was glaubst du, wie das ist, wenn man seinen Schwanz so bei 'ner Frau reinsteckt, was für 'n Gefühl?« fragte Roland. Willi sah ihn vergnügt aus seinen kleinen Augen an. »Na ungefähr so, als wenn man 's alleine macht.« »Wieso alleine?« fragte Roland. »Mit der Hand, weißt du das denn nicht? Haste das etwa noch nie gemacht?« »Nee«, sagte Roland; er kam sich vor wie auf der Schwelle eines neuen Lebens. »Mensch!« sagte Willi, zog die rechte Hand aus der Hosentasche, nahm den linken Daumen zwischen Daumen und Zeigefinger der rechten und schob die beiden Hände rasch gegeneinander hin und her. »So!« – er hielt das Ganze Roland unter die Nase. Roland nickte. »Und dann?« fragte er. »Nach 'ner Zeit kommt dann die Sahne, das ist ein ganz tolles Gefühl, das mußt du mal machen!« sagte Willi. »Aber was für 'n Gefühl denn?« fragte Roland. »So als wenn du ganz eilig pissen mußt«, antwortete Willi, »nur viel toller eben, noch anders.« »Machst du das oft?« wollte Roland wissen. »Nee, dann merken das meine Eltern, davon kriegt man so Ringe unter den Augen.«

Roland sah ihn genau an. »Hast keine«, sagte er. Er warf einen Blick auf Willis Hose. »Mach doch mal!« »Jetzt? aber hier – –?« »Hier kommt doch keiner!« sagte Roland. Willi machte seine Hose auf und sein Glied richtete sich auf. Roland hatte bisher nur ein einziges Mal das Glied eines anderen Jungen gesehen, das war in der zweiten oder dritten Klasse gewesen, da hatten Willi Blech, der Sitzenbleiber, und er sich in der Stunde gegenseitig ihre Schwänze gezeigt. Willi gebrauchte seine rechte Hand gradso wie vorhin an seinem linken Daumen. »Laß mich mal!« sagte Roland plötzlich, und Willi stützte sich mit beiden Händen auf den steinigen Boden und lehnte sich zurück.

Nach einer kurzen Weile hielt Roland inne. Er warf Willi einen kurzen Blick zu, machte seine eigene Hose auf und sagte: »Mach du bei mir!« »Hm«, brummte Willi, versuchte von neuem eine bequeme Lage zu finden und griff nach dem Glied seines Freundes. So vergingen einige Minuten, und das Licht und die Blätter warfen fleckige Schattenmuster über sie.

Plötzlich zuckte es in Willis Gesicht; er preßte die Lippen zusammen, stieß kurz hervor: »Siehste jetzt!« und eine warme Flüssigkeit lief über Rolands Hand, und zum Teil spritzte sie ein Stück weg. Roland nickte, als gebe es da etwas zu bestätigen. Willi seufzte auf. Mit Blättern wischten sie sich die Haut ab und betrachteten, wie das Glied langsam seine Starre wieder verlor. »Jetzt mach bei mir weiter!« sagte Roland, und nun lehnte er sich zurück und stützte sich mit beiden Händen auf den Boden, bis auch bei ihm der Samen austrat und gegen die dunkelgrünen Brombeerblätter fiel, an denen er herunterlief wie Spucke.

»Das ist aber nicht so, als wenn man mal muß«, sagte Roland, »oder auch, aber noch anders.« »Ja!« sagte Willi mit Nachdruck und knöpfte sich die Hosen zu. »Aber 'n tolles Gefühl ist doch toll, was?« Roland nickte und war froh. Plötzlich fielen ihm seine Eltern und Geschwister ein, und er äugte durch die Blätter, aber da war nichts zu sehen als grüne Beete und Obstbäume und die drei oder vier ersten roten Tomaten. Dann blickte er Willi an, um zu prüfen, ob er jetzt etwa Ringe unter den Augen hatte. »Quatscht!« sagte Willi, »so schnell geht das nicht – aber morgen! Meine Mutter guckt mich manchmal so komisch an!« Im Grunde war er davon überzeugt, daß seine Mutter längst etwas gemerkt hatte – es fiel ihm doch selber auf, wie dunkel die Ringe waren, die danach immer unter seine Augen traten.

Sie saßen noch eine Weile da im hellgrünen Dämmer, aber es fiel ihnen nichts mehr ein. Willi riß eine winzige Eiche aus und betrachtete die Wurzel, an der, fast in zwei Hälften gespalten, noch die schwarzbraune mürbe Eichel hing, und sagte schließlich: »Der Vater von dem Kurt soll bloß noch mal so brüllen, wenn wir auf der Straße Fußball spielen, dann schmeiß' ich ihm 'ne Scheibe ein.« »Oder wir reißen ihm all die grünen Pfirsiche ab«, schlug Roland vor, »und legen sie ihm in einem schönen Haufen vor die Tür. Wenn er dann morgens raus kommt, dann hat er die Bescherung. Stell dir das Geschimpfe vor!« Beide lachten auf, aber die richtige Begeisterung konnte die Vorstellung nicht in ihnen wecken, obwohl Kurts Vater ein blöder alter Kerl war.

Als sie aus dem Knick hinaustraten, sah jeder wie zufällig über seine Hose hin – der eine zupfte einen trockenen Dorn aus den Fäden, und der andere klopfte, fast im gleichen Augenblick, etwas Staub ab. Dann richteten sie sich auf und gingen entschlossen in den Garten hinein. An der kurzen Leine im Schatten des Hofs hingen ein paar Küchenhandtücher.

Es war Herbst, als sie das Vergnügen, sich gegenseitig zu befriedigen, noch zweimal wiederholten, in einem Zelt, das sie mit den anderen Jungen auf einer Wiese aufgeschlagen hatten. Es war schon Winter, als Willi, an eine Mauer gelehnt, auf seinem Fahrrad saß und Roland dem einverständig Grinsenden die Hose aufknöpfte, um darin zu spielen. Und es war wieder Sommer, als Willi zum erstenmal ins Bordell ging.

Auf der Leiter, die Jakob im Traum sah, stiegen die Engel auf und nieder – die Leiter war für sie kein Weg, dessen Strecke zurückzulegen war, sondern ein Aufenthaltsort, dessen Dimensionen sie auf- und niedersteigend ausmaßen. So verweilen die Leute auf der Spanischen Treppe in Rom. Sie gehen ein paar Stufen hinauf, vorüber an Kindern und Frauen und Halbwüchsigen, an Männern und Greisen, die dort sitzen, sie lehnen sich an das steinerne Geländer und reden, sie gehen abermals ein paar Stufen, sie überqueren die erste Plattform, sie beugen sich dort über die Balustrade, sie kehren zurück, schauen und sprechen mit irgendwem, sie stehen einen Moment vor den bunten Auslagen der Blumenfrau, sie gehen zu zweit, zu dritt, zu fünft, allein auf der anderen Seite der Treppe wieder einige Stufen hinauf, halten inne, wandern entschlossen bis ganz nach oben, von links nach rechts, von rechts nach links, wie die Treppe sie führt, zwischen den sonnensatten Häusern, bis ganz nach oben, von wo man auf Rom blickt, und immer sieht man nur einen Teil Roms, und die späte Vormittagssonne verwischt die gleißenden Umrisse bis hin zu der dunstigen Kuppel der Peterskirche, und sie steigen wieder ein Stück hinunter, setzen sich auf die Stufen, auf den Lauf des breiten Geländers selbst, und die eine Seite der Treppe liegt in der Sonne, und die andere im Schatten, und wieder gehen sie ein paar Stufen hinauf oder hinunter, zu zweit, zu dritt, in einer ganzen Schar oder allein, und dazwischen spielen die Kinder und springen Stufen hinauf, hinab. Und unten vor der Treppe liegt ehrwürdig und schön, klar und wohnlich die Piazza d'Espagna.

Eberhard ging die Treppe hinauf und hinunter und

hätte nicht geglaubt, daß man sich solange auf einer Treppe aufhalten kann. Am Nachmittag zeigte er sie seiner Mutter, Stufen hinauf, hinab, und am Abend, als seine Mutter schon ins Hotel gegangen war, kam er abermals hier vorbei. Abermals begann er, sie hinaufzusteigen, zwischen all den Leuten, die hier die Freiheit und die Kühle des späten Sonntagabends genossen. Ein häßlicher Junge starrte ihm unverschämt ins Gesicht, und plötzlich fiel Eberhard ein, daß ein Student, mit dem er vor einiger Zeit geschlafen hatte, von der Spanischen Treppe gesprochen und ihm erklärt hatte, da könne man abends fast immer was finden. Aber Eberhard war fest entschlossen, sich um derlei heute nicht zu kümmern – die Erfahrungen, die er in diesen drei Tagen in Rom gesammelt hatte, machten ihm wenig Lust zu Abenteuern am letzten Abend. Er sah auf seine Uhr und stieg dann weiter hinauf, hin und wieder die Hand auf den kühlen rauhen Stein des Geländers legend.

Als er höher hinauf kam, sah er einen jungen Mann im leichten hellgrauen Anzug über die Balustrade blicken. Er war vielleicht zwanzig, hatte ein hübsch geschnittenes ernstes Gesicht und im Ganzen den Habitus eines jungen Mannes aus gutem Hause. Eberhard ging hinter ihm vorbei, ein Stück über die Plattform hin; der junge Mann blickte unverwandt auf die Piazza und die dahinter sich ausbreitende Nacht. Etwa zehn Meter weiter lehnte ein anderer Mann an der Balustrade und schickte dann und wann einen kurzen Blick zu dem Hellen hinüber; der rührte sich nicht. Eberhard wandte beiden den Rücken und sah hinauf zu der Kirche; als er sich wieder umdrehte, schien ihm, als habe sich die Entfernung zwischen den beiden an der Balustrade vermindert – freilich, der gutangezogene junge Mann stand noch an derselben Stelle wie vorher. Eberhard wollte ein wenig dem Leben auf der Treppe zusehen und stellte sich zehn Meter links von dem jungen Mann an die steinerne Brüstung. Nun sahen sie zu dritt hinunter – ein dreißigjähriger, ziemlich gewöhnlicher Mann, der ein paar Jahre jüngere Eberhard und in der Mitte zwischen ihnen der Junge, der sie beide nicht beachtete und mit großen dunklen Augen gradeaus sah, so oft Eberhard oder der andere auch zu ihm hinblickten.

So verging eine Weile. Dann wurde dem Mann ganz rechts die Sache zu dumm – er nahm seine Arme von den Steinen, wandte sich ab und ging; man sah ihn drüben die Treppe hinuntersteigen. Eberhard wartete; aber auch jetzt drehte sich der hübsche Kopf nicht zu ihm hin, obwohl Eberhard ihn ein paarmal solange anstarrte, daß es dem anderen nicht entgehen konnte. Ein leichter Wind erhob sich. Der Fremde sah auf seine Uhr und wanderte plötzlich ein Dutzend Meter weiter von Eberhard fort, dann lehnte er sich von neuem gegen den Stein und blickte hinunter.

Eberhard war froh, daß die Begebenheit so ein klares Ende gefunden hatte. Vermutlich wartete der junge Mann hier auf seine Freundin; sowieso machte er nicht den Eindruck eines Homosexuellen. Eberhard blieb noch einen Augenblick stehen, damit der andere nicht glauben sollte, er habe nur seinetwegen so lange hier ausgehalten, dann stieg er langsam hinab. Nach einem guten Dutzend Stufen drehte er sich noch einmal um – da hatte jener oben den Blick auf ihn geheftet. Eberhard ging weiter; an der nächsten Plattform zögerte er, dann überquerte er sie und stieg die Treppe auf der anderen Seite wieder hinauf. Jener sah ihn noch einmal kurz von der Seite an, wie er da heraufkam, aber dann blickte er wieder so unverwandt in die Ferne, wie zehn Minuten zuvor. Eberhard lehnte sich von neuem an das steinerne Geländer, ging zweimal, dreimal dicht hinter dem anderen vorbei, blieb einmal sogar anderthalb Meter neben ihm an der Balustrade stehen – der aber rührte sich nicht. Schließlich murmelte Eberhard irgendeinen Fluch in sich hinein, wandte sich den Stufen zu und ging endgültig hinunter.

Er war wieder auf der nächsten Plattform angekommen, als er sah, daß der helle Anzug die andere Treppe herunter kam und dann, ohne innezuhalten, über die Plattform ging und weiter hinunter stieg; auf der dritten oder vierten Stufe unterhalb der Plattform wendete der Bursche den Kopf, sah noch einmal kurz zu Eberhard hin und setzte dann seinen Weg hinab fort. Eberhard schaute auf die Uhr, drehte sich um und ging die Treppe, die er nun schon zweimal hinunter gekommen war, wieder hinauf. Aber als er von oben hinunter sah, konnte er den hellen Anzug nicht mehr entdecken, er war in dem immer noch dichten Gewühl unten an der Piazza verschwunden.

Einen Augenblick noch wartete Eberhard, und er wandte sich gerade abermals zum Gehen, als er den jungen Mann die Treppe wieder hinaufkommen sah. Wollte der ihn zum Narren halten oder hatten seine Handlungen irgendeinen Zweck, der mit Eberhards Existenz überhaupt nichts zu tun hatte? Eberhard sah zu der anderen Treppe hin und versicherte sich nur dann und wann durch einen kurzen Blick aus den Augenwinkeln, daß jener wirklich noch immer höherstieg.

Und wirklich stieg er die Treppe herauf, bis oben hin, ging schräg hinter Eberhard zu den schmaleren Stufen, die in den Park der Villa Borghese führten, und stieg auch die hinauf. Eberhard wartete einen Moment, dann ging er auch in das kühle Dunkel des Parks. Er sah den ersten Weg hinunter – dort schlenderte, sehr langsam, der junge Mann in dem hellen Anzug. Dicht über dem ersten Weg lief ein zweiter, diesen schlug Eberhard ein. Unter sich sah er hinter den fast schwarzen Sträuchern den hellen Anzug gehen. Eberhard blieb stehen, und der andere ging langsamer; Eberhard schritt etwas aus, und drei Meter unter ihm holte der andere ihn ein. Endlich liefen die beiden Wege in einem größeren zusammen, und die beiden jungen Leute gerieten nebeneinander. »Sera!« sagte der in dem hellen Anzug, und Eberhard antwortete »Sera!«

Als der andere wußte, daß Eberhard Deutscher war, sprach auch er deutsch, deutlich und nicht gebrochen, aber mit einem kräftigen Akzent, und manchmal gingen ihm die Vokabeln aus. »Ich heiße Giorgio«, sagte er, »du?« Eberhard nannte seinen Namen und fragte ihn, woher er so gut Deutsch könne. »Meine Mutter ist aus Österreich«, sagte Giorgio. Eberhard suchte sich diese Familie, diesen Haushalt vorzustellen; aus irgendeinem Grunde vermutete er, dies Haus müsse einen großbürgerlichen Anstrich haben. »Ich kenne gut den deutschen Gesandten hier«, sagte Giorgio, sah Eberhard vielsagend an und fügte feixend hinzu: »Er ist eine Frau.« Eberhard fragte: »Wieso?« »Er ist eine Frau«, sagte Giorgio, »und ich bin der Mann. Hä?« Eberhard nickte. Dann sprachen sie über Rom, über Italien.

In dem dunklen Park, dessen Massen überall von dem kalten weißen Licht der Neonlaternen durchbrochen wurden, war noch viel Leben, Spaziergänger wanderten hin und her, in den Lokalen da und dort saßen noch Scharen munterer Gäste. Endlich ließ sich Giorgio in einem von Sträuchern umgebenen Winkel auf eine Bank fallen, und Eberhard setzte sich neben ihn. Ihre Füße und ihre Waden berührten sich.

Eberhard sah auf die Uhr; er wurde etwas ungeduldig und hoffte, der Jüngere werde bald wieder aufstehen und ihn in jenes römische Bürgerhaus führen. »Wohin gehen wir?« fragte er einmal und zweimal und unterstrich die Frage durch eine Handbewegung, aber Giorgio nickte nur und erzählte von seinem Aufenthalt in Straßburg, wo er vor einiger Zeit gewesen war. Keine zehn Meter neben ihnen verschwanden zwei Soldaten in dem Gesträuch.

Plötzlich wollte Giorgio Papier und Bleistift haben, und Eberhard gab ihm einen kleinen römischen Stadtplan, den er aus einem Reiseführer herausgerissen hatte und dessen Rückseite weiß war. Mit Eberhards Hilfe begann Giorgio, einen Liebesbrief an Eberhard zu entwerfen. Ein amüsantes Spiel, aber es kostete Zeit – Eberhard fand den Jungen nett, wie er da krakelte, doch begriff er nicht, warum der so viele Umstände machte, von denen sie beide wissen konnten, daß sie überflüssig waren. Giorgio nahm eine andere Ecke des Papiers und malte, in so vagen Andeutungen wie nur möglich drei oder vier Bilder, auf denen zwei Männer in jeweils anderer Weise obszön miteinander beschäftigt waren. Der Vollständigkeit und des Spaßes halber malte Eberhard noch einige dazu. Giorgio nahm das Blatt zurück, und Eberhard dachte, nun hätten sie wohl ein Programm für die beiden nächsten Stunden ausgearbeitet. Giorgio ließ sich auch den Bleistift noch einmal geben und bezeichnete auf einem Bild die beiden Gestalten mit einen E und einem G. Fragend hielt er Eberhard das Blatt hin, darauf nahm Eberhard den Stift und schrieb über das G ein E und über das E ein G, um zu erklären, daß er dieselbe Situation auch mit vertauschten Rollen denkbar fand. Giorgio schüttelte den Kopf und strich die hinzugekommenen Buchstaben wieder aus.

Leichter Unmut stieg in Eberhard auf. Er erinnerte sich an jenen Neger in Paris, der in einem grünen Slip auf dem Bett gelegen hatte, die Hände an das Laken geheftet, und der schließlich erklärt hatte: »Ich bin der Mann.« Eberhard hatte wenig Neigung, sich wieder auf so einseitige Vergnügungen einzulassen, doch als Giorgio sah, daß er sich etwas ärgerte, winkte er ab, als sei das alles nicht wichtig, und begann, eine rätselhafte gewundene Rede zu halten, die Eberhard nicht begriff. Offenbar ging es um irgendetwas Peinliches; hin und wieder hielt Giorgio inne und fragte, ob Eberhard nicht erraten könne, was er meine – Eberhard schüttelte den Kopf, und Giorgio fing von irgendeinem anderen Ende her wieder von vorne an.

Plötzlich kam eine deutlichere Wendung, und Eberhard begriff und sah zugleich, daß er dieses Rätsel eher hätte lösen können, wenn er sich eine weniger feste Vorstellung von dem gutangezogenen jungen Mann gemacht hätte: Es ging um Geld. »Du?« fragte er. »In Rom alle«, antwortete Giorgio. »Ich *habe* kein Geld«, sagte Eberhard. Das stimmte. »Und es macht mir kein Vergnügen, mit welchen zu schlafen, die Geld dafür haben wollen.« Das stimmte für heute auch.

Erst in der Nacht vorher war er mit einem Burschen, der ihn auf einer leeren Piazza angeredet hatte, unten an den Tiber gegangen. Ein untersetzter altrömischer Legionär von 18, 19 Jahren war das gewesen, kräftig, mit wulstigen Lippen und kreisrunden Augen, in denen das Weiße hell um die ganze Iris stand. Sie hatten beide ihren Spaß gehabt auf den schmalen gepflasterten Uferstreifen unter der Brücke, und sie hatten sich Zeit gelassen. Als sie wieder auf die menschenleere Straße traten, wollte der Bursche Geld haben. Eberhard hatte dies erwartet, dennoch zögerte er; der andere wurde heftiger; endlich gab Eberhard ihm, was er bei sich hatte. Das war dem nicht genug, obwohl es fast fünftausend Lire gewesen waren. Dann hatte der andere ihn bis ans Hotel begleitet und Eberhard gedroht, falls er nicht in ein paar Minuten noch zweitausend Lire bringe, werde er beim Hotel klingeln. Und Eberhard war hinaufgegangen, leise am Zimmer seiner Mutter vorbei, hatte zweitausend Lire aus dem Fach genommen und sie dem im Schatten Wartenden hinuntergebracht, und der hatte sich ohne ein weiteres Wort fortgetrollt in die beginnende Dämmerung.

Nein, Eberhard hatte kein Geld – und gar nicht so viel, wie der junge Mann im hellen Anzug haben wollte; er hatte am Morgen seine letzten zwanzig Mark gewechselt. Es tat ihm doch etwas leid; andererseits war von der letzten Nacht her sein Widerwille gegen den Strich noch stark und heftig. »Wir gehen zurück zur Spanischen Treppe«, sagte Giorgio, und sie standen auf. Neben ihnen kamen die beiden Soldaten wieder aus den Sträuchern.

»An der Spanischen Treppe ist ein Freund von mir«, sagte Giorgio. »Vierzehn Jahre, der tut alles was du willst, und bestimmt ohne Geld.« »Ohne Geld?« fragte Eberhard, »ich denke, in Rom alle«. »Nein, will bestimmt nicht Geld!« sagte Giorgio. Aber Eberhard mochte nicht mehr; wußte der Himmel, welcher Haken wieder hinter dieser Geschichte steckte und wie düster sie am Ende aussehen würde. Seine Lust war dahin. Unter den großen dunkelgrünen Bäumen gingen sie den Weg zurück, den sie gekommen waren; nun waren nur noch wenige Menschen unterwegs, es war still, und auch sie beide sprachen nicht mehr.

Auf der obersten Plattform der Spanischen Treppe stand eine kleine Gruppe junger Leute. Giorgio gab Eberhard die Hand. »Ciao«, sagte Eberhard. »Komm mit da rüber!« sagte Giorgio, »da ist mein Freund. Bestimmt kein Geld, vierzehn!« Aber Eberhard schüttelte freundlich lächelnd den Kopf, und Giorgio lief hinüber zu seinen Kameraden, und Eberhard ging ein letztes Mal die schöne große Treppe hinunter, die Blicke der kleinen eifrig plappernden Gruppe oben im Rücken. Irgendwo auf dem Weg zum Hotel ließ er den römischen Stadtplan durch das Gitter eines Gullydeckels in die Kanalisation fallen.

Am nächsten Tag reisten sie ab. Seine Mutter sah ins Zimmer, als er seinen Koffer packte, um nachzuschauen, ob er alles wieder hineinbekam, was er herausgeholt hatte. Draußen schien, wie alle Tage, hell und klar die Sonne. »Hast du eigentlich noch Lire?« fragte Frau Weymann. »Nein, nun bin ich abgebrannt, zwei-, dreihundert noch«, sagte Eberhard. »Was hast du denn gestern abend noch gemacht?« fragte sie. »Ah, ich war nochmal an der Spanischen Treppe«, antwortete Eberhard, »die ist ja wirklich herrlich, auch abends, und dann bin ich noch so rumgebummelt.« »Und – gefallen dir die Mädchen hier?« fragte sie mit einem verständnisvollen Lächeln weiter. »Naja –«, sagte Eberhard, »jedenfalls ist mein Geld jetzt alle.« »Es geht mich ja auch gar nichts an«, sagte seine Mutter und ging wieder hinüber, um ihre eigenen Koffer fertigzupacken.

Es war früher Nachmittag, als eine Taxe sie zum Bahnhof brachte. Noch einmal genossen sie das Bild der römischen Straßen, der gelben Häuser, der Brunnen, der Denkmäler. Vor ihnen auf der linken Straßenseite gingen Arm in Arm zwei Männer; der ältere tänzelte so und wiegte sich so in den Hüften, daß auch der Harmloseste merken mußte, wie es um ihn stand, der andere trug einen leichtem hellgrauen Anzug. Es war Giorgio.

»Sieh dir die an!« sagte Eberhard zu seiner Mutter. Frau Weymann warf einen kurzen Blick hinüber und schüttelte den Kopf. »Gräßlich!« sagte sie. »Tjaa«, sagte Eberhard, »Leute gibt es, die gibt 's gar nicht.«

»Ich habe den guten Kampf gekämpft«, sagt der heilige Paulus.« Der Priester hielt seinen Mund noch dichter an das hölzerne Gitter des Beichtstuhls. Hell stach das rhombisch gemusterte Viereck aus der Dunkelheit – zur Hälfte bedeckt von dem Umriß des jungen Gesichts dessen da draußen; der war siebzehn oder achtzehn. Der Priester begann zu flüstern. »Auch wir haben keine andere Aufgabe, als den guten Kampf zu kämpfen – den guten Kampf um Gott, den Kampf gegen die Einflüsterungen der dunklen Mächte, den Kampf gegen die vielfältigen Versuchungen, die an uns herangetragen werden, den Kampf gegen uns selbst. Und wir brauchen Gott selbst dazu, denn wir sind schwach. Deine Sünde ist mehr als eine gewöhnliche Schwäche, der fast jeder einmal erliegt – in deiner Sünde steckt eine tiefe Gefahr. Denn was du getan hast, ist ja nicht einfach unkeusch – es ist eine Unkeuschheit gegen die Natur.« Der Priester sprach noch leiser. »Das Geschlecht des Mannes ist ja von Gott auf das der Frau hingeordnet wie das der Frau auf das männliche, darin findet es seinen Sinn. ›Gehet hin und mehret euch‹ – die geschlechtliche Liebe zwischen Mann und Frau ist nicht nur eine Sache zwischen ihnen beiden, sondern dient zugleich dem Plan Gottes, der möglichst viele Menschen zum Heil führen will. Der geschlechtliche Umgang zwischen Männern aber ist schlechthin Unnatur – er ist nicht nur Unordnung, sondern ein regelrechter Widerspruch gegen die göttliche Ordnung, er ist seinem Wesen nach unnatürlich, ja eben widernatürlich. Nicht umsonst wird solches Treiben allgemein so verachtet – es ist der Widerwille gegen die Unnatur, der sich da auch in solchen Seelen noch regt, die sonst der christlichen Moral gleichgültig gegenüberstehen. Hast du keine Freundin?«

»Nein«, flüsterte das Gesicht hinter dem Gitter. »Das wäre aber das Allerwichtigste für dich«, sagte der Priester. »Denn nachdem du dich schon mal auf solche Sachen eingelassen hast, wie du sie jetzt beichtest, besteht die große Gefahr, daß sich sowas eines Tages verfestigt, und vielleicht ahnst du, wie schrecklich das wäre – für dich, für deine Eltern, und vor allem: für dein religiöses Leben, für deine Beziehung zu Gott.« Der junge Mann draußen nickte stumm. Dem Priester fiel ein, wie lange er schon sprach, und es warteten so viele in den Bänken, und er begann von neuem: »Du mußt dich mal ganz ernsthaft bemühen, solche Gedanken und Vorstellungen und Versuchungen abzuwehren, alle Gelegenheiten zu meiden und, im Gegenteil, mit Mädchen zusammenzukommen – hier in der Katholischen Jugend oder sonst in einem Club, einem Sportverein oder sowas. Und das sollst du tun, weil Gott es in dieser Situation von dir erwartet. ›Ich habe den guten Kampf gekämpft‹ – dein guter Kampf muß nun erstmal auf diesem Gebiet ausgefochten werden. Und wenn du Gott darum bittest, wird Gott dir helfen, daß du siegst. ›Die Kraft Gottes kommt in der Schwachheit zur Vollendung‹ – du mußt diese Schwachheit Gott anvertrauen, in aller Demut und aller Hoffnung, damit du in Seiner Kraft das überwindest, was dir jetzt zu schaffen macht. Zur Buße betest du einen Kreuzweg.« Der Junge flüsterte: »Danke«, und mit einem großen Kreuzzeichen erteilte der Priester ihm die Absolution.

Das rhombisch gemusterte Viereck wurde frei. Der Priester seufzte tief auf, und es war ein Seufzer zu Gott. Dann wandte er sich nach links und hielt sein Ohr einem neuen Bekenntnis entgegen.

Der junge Mann kniete in einer Bank und dankte Gott und bat ihn, er möge ihn aus der Verirrung heimführen.

DASS DIE SACHE zwischen Konstantin, dem syrischen Chemiestudenten, und Herbert Grasegger, dem zweiten Sohn des großen Modehauses, aus war, wußte ungefähr die Hälfte aller Gäste im Monokel. Denn Konstantin kannte dort jeden zweiten, und jedem, den er kannte, erzählte er, daß die Sache mit Herbert aus sei, endgültig aus sei. »Er hat sich zu gemein benommen, eklig gemein. Das hab ich nie gedacht, ist so gemein zu mir gewesen!«

Manche wollten wissen, Herbert habe sich entschlossen zu heiraten – teils seiner Eltern wegen, die ihn endlich zu einem soliden Teilhaber der Firma machen wollten, teils weil ihm eine gute Partie geboten wurde, teils weil ihm das Mädchen angeblich gefiel. »Das möcht ich sehn – der und verheiratet! Die muß ihn ja betrunken machen, wenn sie ihn mal vornerein haben will statt hinten!« »Hoffentlich stellt sie wenigstens 'nen netten Diener für ihn an! Mit dem Chauffeur der Firma hat er 's ja wohl auch – eh, eh, Konstantin, dieser Grasegger-Chauffeur mit den Pickeln und so 'nem süßen Arsch, mit dem hat der Herbert doch auch mal, hab die beiden doch neulich gesehen!« »Der mit der Himmelfahrtsnase? Den sieht man doch sonst immer mit Weibern, der ist nicht schwul.« »Da ist der viel zu dumm für!« »Hat aber keine schlechte Figur, den würd ich auch ins Bett nehmen, der hat sicher so 'n Ding!« »Ich denk, Pickel hat er!« »Ach was, Pickel – wenn er am Arsch keine Pickel hat, ist mir das egal!« »Dir? Weißte noch, was du gestern von Uwe gesagt hast? Bist doch sonst so fein!« »Mit so 'ner Zicke wie der schlaf ich überhaupt nicht, ob mit Pickeln oder ohne. Bleib mir vom Hals mit diesem Uwe!« »Ist ja auch egal, er ist mit seinem Erich auch gut versorgt!« »Der Erich? Die haben nix miteinander, der Erich ist doch hinter diesem Arzt mit dem Porsche her!«

Konstantin schwieg. »Nun sag schon – wieso gemein? War doch soo 'ne große Liebe und jetzt plötzlich –: gemein, wieso?« »Zu gemein!« sagte Konstantin. Er war klein, seine dunklen Augen blitzten, und die Hühnerbrust bebte vor Erregung. »Das kann ich gar nicht sagen. So eklig!« Konstantin warf die Arme hoch und sagte leidenschaftlich: »Ich will nichts mehr von ihm, diesem Herbert! Er ist ein Schwein. Und ich habe ihm eine Torso geschenkt, ganz alt, und ein Vase von alten Griechen – o, aber ich will nicht wiederhaben. Und meine arme Mutter hat geschrieben, soll ihn grüßen!« »Weiß deine Mutter, daß du so bist? Und das alles mit Herbert?« »Vielleicht denkt sich«, sagte Konstantin, »weiß nicht. War er hier?« »Herbert? Vor einer Stunde vielleicht, da hat er nach dir gefragt.« »Ha! Und heut mittag ist er schon bei mir im Zimmer gewesen, hat ja einen Hausschlüssel –« »'nen Schlüssel? Den würd ich mir aber schleunigst wiedergeben lassen!« »Nein«, sagte Konstantin, »ist ja noch mein Freund. Hab ihm auch gesagt, schon paarmal, bleibst Freund, er mein Freund und ich bleibe guter Freund für ihn. Aber nicht mehr, keine Liebe. Schon zwei Wochen kommt er jeden Tag und fragt, ob wir nicht doch wieder sein könnten wie erst, und wo wir bei meinen Eltern in Syrien waren, und alles. Aber ich hab gesagt zu ihm: Nein, un-möglich! War zu gemein, so gemein! Ach, ich bin ja so kaputt, ihr glaubt nicht! Ich geh in Kloster!«

»So weit brauchst du nicht zu gehen, Tucken findst du auch hier genug! Mensch, schnapp dir hier eine und zitter ins Bett, dann vergißt du deinen Herbert!« »Ich habe noch keine Lust!« sagte Konstantin, »haa, ich bin noch zu kaputt!« Die anderen zuckten die Achseln, einer brummte: »Na, denn wart mal bis morgen«, und Konstantin gesellte sich zu einer anderen Gruppe, um dort sein Seelendrama von neuem auszubreiten. Denn weggehen wollte er nicht – vielleicht kam Herbert noch und mit ihm Gelegenheit zu einer neuen Aussprache, oder es kam der Blonde mit der Brille wieder, den Konstantin vorgestern mit nach Haus genommen hatte. Da hatten sie nur eine Flasche Wein getrunken, aber heute würde er vielleicht mit ihm ins Bett gehen.

Der Blonde mit der Brille kam, nickte Konstantin kurz zu und setzte sich an die Bar. Er saß da noch keine drei Minuten, als ein dicker Mann mit aschgrauem Gesicht lauernd zu ihm sagte: »So schweigsam?« Der Blonde sah ihn mit halbgesenkten Lidern an und zog voll Verachtung die Lippen auseinander, so daß er Ober- und Unterzähne bis zum Zahnfleisch entblößte, dann wandte er sich wieder seinem Bier zu.

Im Spiegel hinter der Theke sah er Konstantin kommen. »Halloo, wie geht es Ihnen!« sagte Konstantin emphatisch und drückte dem Blonden die Hand. »Ça va!« sagte der Blonde. »Wollen Sie nicht an mein Tisch kommen?« fragte Konstantin. »Nein danke«, sagte der Blonde und musterte von seinem hohen Hocker herab Konstantins Hühnerbrust, »ich sitz hier ganz gut.« »Wie Sie wollen«, sagte Konstantin, blieb noch einen Augenblick stehen und erklärte dann, er müsse nun aber wieder an seinen Tisch. Der Blonde nickte, drehte sich wieder um und blickte von neuem in den Spiegel hinter der Theke. Gertrud stellte ihm einen Kognak hin – »von dem Herrn da drüben«, sagte sie. Der Blonde sah in die angegebene Richtung, und ein großer kräftiger Mann von Mitte Dreißig mit narbenbedecktem Gesicht nickte zu ihm her und hielt sein Kognakglas schon in der Hand. Der Blonde mit der Brille trank ihm zu, und der andere kam herüber. »Na, ganz allein hier?« fragte er, und der Blonde sagte: »Bis jetzt, ja!«

Nach einer Weile kam Konstantin von neuem an die Bar. »Ich muß jetzt gehen!« sagte er zu dem Blonden, »begleiten Sie mich?« Der Mann mit den Narben sah erstaunt erst ihn, dann den Blonden an, aber da sagte der schon: »Nein, gute Nacht!« »Gute Nacht«, sagte Konstantin, »ich habe morgen sehr viel Arbeit!«, gab dem Blonden die Hand und ging fort.

Eine gute halbe Stunde später, als der Blonde und der mit den Narben das Monokel verließen, stießen sie auf der Treppe auf Konstantin – er stieg gerade wieder in das Lokal hinunter. Aber es war kurz vor Mitternacht, und an gewöhnlichen Wochentagen war hier um diese Zeit nicht mehr viel los. Vor der Bar stand noch ein kleines Grüppchen, in der Ecke saßen, die Hände engverschlungen, zwei ältere Männer, von den Barhockern waren nur noch drei besetzt. Ein schmaler Blonder mit roten Backen bestellte dort auf Französisch ein Bier; Konstantin, der Französisch fast so gut wie seine Muttersprache sprach, eilte ihm zu Hilfe. Es stellte sich heraus, daß der andere ein französischer Ingenieurstudent war, der während seiner Semesterferien in Deutschland arbeitete. Mit ihm schlief Konstantin in dieser, in der nächsten und in der übernächsten Nacht; am Nachmittag des zweiten Tages kam Herbert, und bei einer Tasse Tee machte Konstantin beide miteinander bekannt.

Der Mond war aufgegangen. Die Nacht war klar, aber es gab wohl keinen Frost, denn die dünnen Pfützen in den tagsüber fortgetauten Schneeresten blieben schwarz und flüssig stehen. Roland fror, die nasse Kälte war in seinen Kleidern hochgestiegen und hatte sich um seine Schultern herum unter dem Mantel festgesetzt. Dann und wann trat er ein paarmal heftig auf, um seine erstarrten Füße zu beleben, aber die Tritte klangen so laut über den fast leeren Rathausplatz, daß er bald wieder innehielt. Er ging also hin und her, auf einem Stück Straße, das er sich in Gedanken genau abgesteckt hatte. Obwohl er von hier aus alles übersehen konnte, was er übersehen wollte, ging er doch öfter über die Straßenbahnschienen hinüber zu der kleinen Baumgruppe, die fast in der Mitte des Rathausplatzes neben dem Pissoir stand. Das Pissoir mußte schon mehr als zwei Stunden geschlossen sein, Mitternacht war längst vorüber. Unter den Bäumen redete seit einer Stunde, solange wie Roland auf dem Rathausplatz war, ein abgerissener alter Mann mit einem Strichjungen, der blaß und verlebt aussah und ebensogut Anfang Zwanzig wie Anfang Dreißig sein konnte. Manchmal kamen Männer langsam über den Platz geschlendert, sahen beiläufig zu den Türen des Pissoirs hinunter, verweilten ein paar Minuten unter den Bäumen, wo sie die in einem Glaskasten untergebrachte und jetzt kaum lesbare Reklame eines Kinos studierten, taten noch einmal ein paar Schritte hin und her, drehten den Kopf in die Richtung, aus der sie gekommen waren, und gingen dann in einer anderen davon. Einem jüngeren mit kurzem Kapuzenmantel folgte Roland ein Stück; er hatte ihn fast eingeholt, als der sich nach ihm umdrehte und ihm dabei ein breites fleischiges

Gesicht zuwandte, in dem auf einer kurzen kleinen Nase eine dicke dunkelgelbe Hornbrille saß. Roland blieb stehen und sah in ein Schaufenster. Der andere blieb auch stehen und kam dann die paar Schritte zurück; in dem Moment, als er sich neben ihn an das Schaufenster stellen wollte, ging Roland mit schnellen Schritten und ohne sich noch einmal umzudrehen auf den Rathausplatz zurück. Dort hatte sich nichts verändert; einige Leute warteten auf die Straßenbahn, unter den Bäumen standen der Alte und der Strichjunge, das Pissoir war geschlossen, auf den Treppen hinunter hielt sich auch niemand auf, hin und wieder wirbelte ein eisiger Windstoß ein Stück Papier über die dunklen Platten, auf denen an manchen Stellen kleine Schneehaufen lagen. In langen Abständen fuhren die letzten Straßenbahnen, manchmal grölte irgendwo hinter den Häusern ein Besoffener. Roland hörte dicht hinter sich ein Geräusch und drehte sich um – es war niemand, nur das Papier war ein Stück weitergetrieben.

Roland fror. Die Uhr rückte auf eins, er wollte nach Hause. Hier zu stehen war sinnlos; wenn so lange kaum jemand gekommen war, dann wurde es nun immer unwahrscheinlicher. Aber vielleicht kam gerade jetzt, da es so unwahrscheinlich war, noch ein Mensch, mit dem er nicht nur diese Nacht ein unvorstellbares Vergnügen haben könnte, sondern der ihn nun Woche um Woche, Monat um Monat entschädigen würde für all die Winternächte, die er so herumgestanden hatte. Nacheinander schlugen die Uhren eins. Roland hielt es für zwecklos, länger hier zu stehen. Vor zweieinhalb Stunden ungefähr war er aus dem Monokel gekommen; auch dort waren nur wenige Leute gewesen, und er war nach einem Bier wieder gegangen. In der Bambus-Bar hatte er kaum fünf Minuten zugebracht – nicht länger als man braucht, einen Schnaps zu bestellen, ihn zu trinken, sich dreimal nach den anderen Gästen umzudrehen und zu zahlen. Seitdem war er auf der Straße. Die längste Zeit hier auf dem Rathausplatz, denn bei dem Wetter bis zu den Wallanlagen zu gehen, schien ihm nun gänzlich unnütz, und im Pissoir auf dem Holzmarkt hatte er schon vor Wochen nichts Brauchbares mehr gefunden. Allerdings, das war die ganze Nacht offen. Roland entschloß sich, diese zehn Minuten noch dranzusetzen, und ging zum Holzmarkt.

Er war noch keine zweihundert Schritte gegangen, als ihm auf der Fürstenstraße ein Wesen mit ganz übertrieben engen Hosen und einem lose fallenden hellen Mantel entgegen kam. Roland nickte sich aufmunternd zu; dann sah er, daß es Wolfgang war. Roland kannte ihn vom Monokel her, dort hatten sie manchmal miteinander geredet; mit dem andern ins Bett zu gehen, hatte es keinen der beiden gereizt. Wolfgang stand am Ende einer Ballettausbildung und arbeitete auch schon manchmal im Ballett des Stadt-theaters; er hatte blonde Haare, die lang und dünn in sein graues Gesicht fielen, und eigentlich zeigten nur noch seine blauen Augen, daß er vor ein paar Jahren, mit siebzehn oder achtzehn, ein hübscher Junge gewesen sein mußte. »Nanu«, sagte Wolfgang, »was machst du denn hier?« »Och, ich geh ein bißchen spazieren«, sagte Roland und warf einen Blick auf Wolfgangs Blue Jeans, denn Wolfgang trug den Mantel offen, und man konnte sehen, wie die engen Hosen sich über dem Schritt wölbten. »Mensch, ich komm von 'ner Party bei Egon«, sagte Wolfgang, »war schnieke!« »Und schon zu Ende?« fragte Roland. »Ja, es war 'ne Abschieds-party, er verreist, die andern haben ihn noch zum Zug gebracht«, sagte Wolfgang. »So, da war wohl was fällig?« fragte Roland. »Nee«, sagte Wolfgang, »von den Jungs war bloß einer mein Typ, und der war mit seinem Freund da, und außerdem warn ein paar Mädchen da, irgendwie komisch, aus Egons Büro oder sowas. Ich hab mich an den Kognak gehalten. Mensch, ich frier hier fest, komm doch ein Stück mit!« Sie gingen in Richtung Rathausplatz, und Roland überlegte einen Moment, ob ihn der Anblick dieser engen Hosen nicht doch veranlassen könnte, den weibischen und etwas verkommenen Burschen mit auf seine Bude zu nehmen. Er fällte fürs erste keine Entscheidung, sondern fragte: »Bei dem Egon ist wohl immer was los, wie? Ich kenn ihn ja bloß flüchtig —« In der Tat hatte er seit mehr als einem Jahr nicht mehr mit Egon gesprochen, höchstens im Monokel ihm zugenickt, und daß er einmal mit ihm geschlafen hatte, das war wohl knapp eineinhalb Jahre her, da war es auch Winter gewesen. »Klar, der Egon hat 's ja«, sagte Wolfgang. »Da hab ich schon Feste mitgemacht, o jeh! Da hab ich hinterher zwei Tage lang keinen mehr hochgekriegt, hii!« Wolfgang hatte die Angewohnheit, unvermittelt hohe gieksende Schreie auszustoßen; Roland drehte sich um, aber der Rathausplatz war leer. »Gehst du jetzt nach Hause?« fragte er. »Und ob!« sagte Wolfgang, »ich muß morgen früh um acht zum Unterricht. Bräh, und dann mit all dem Schnaps im Leibe, ich kotz dem Weib die Bude voll, wenn ich jetzt nicht ins Bett gehe.« »Hm, ich wollt noch ein bißchen durch die Stadt«, sagte Roland und blieb stehen. »Na, viel Spaß!« sagte Wolfgang, »wenn du glaubst, daß du noch 'n Bettwärmer auftreibst – bei dem Wetter! Is ja gleich halb zwei! Viel Erfolg!« Roland lachte etwas und ging, nachdem sie sich getrennt hatten, zunächst wieder zu der Baumgruppe neben dem Pissoir.

Der Strichjunge von vorher war immer noch da, er sprach jetzt mit einem anderen Mann, der freilich kaum weniger alt und abgerissen war als sein voriger Gesprächspartner. Roland machte sich etwas schnelleren Schritts zum Holzmarkt auf.

In dem trüben Licht des Pissoirs stand ein einziger Mann, der sich sofort zum Eingang drehte, als Roland hereinkam. Es war der Mann mit dem fleischigen Gesicht und der dunkelgelben Hornbrille, dem Roland vorhin nachgegangen war. Roland schien es zu dumm, auf der Stelle kehrtzumachen; er stellte sich möglichst weit von dem andern entfernt an die gekachelte Wand und pisste. Schon kam der mit dem Kapuzenmantel herüber, er hatte den Mantel auseinandergeschlagen und hielt sein aufgerichtetes Glied in der Hand und ließ auch während er ging nicht nach, die Hand regelmäßig hin und her zu bewegen. Im Licht sah man, daß er Anfang Vierzig sein mußte. Ohne weiter von ihm Notiz zu nehmen, trat Roland von der Wand zurück und ging wieder hinauf. Außer zwei Taxifahrern, die sich in einem ihrer beiden Wagen miteinander unterhielten, war weit und breit niemand zu sehen. Roland hatte das Gefühl, es sei noch kälter geworden, als er in die nackte Mondscheibe blickte, und mit raschen entschlossenen Schritten machte er sich auf, am Rathausplatz vorbei nach Hause zu gehen.

Aus der Baumgruppe auf dem Rathausplatz trat ein großer kräftiger Bursche auf ihn zu. Roland erkannte ihn sofort; im Lauf des vorigen Jahres war er mit ihm drei- oder viermal in irgendwelche Trümmergrundstücke oder hinter die Sträucher an einer Kirchenmauer gegangen, zehn Mark hatte ihn das jedesmal gekostet. Der Bursche war breitschultrig und stark, der Typ eines Lastwagenfahrers, und hatte ein hartes frisches Gesicht; Roland schätzte ihn auf neunzehn oder zwanzig, also rund vier Jahre jünger, als er selbst war. »Na, Kleiner, wie geht 's uns?« sagte der andere und streckte ihm die große Hand hin; er trug zwei oder drei Pullover und einen dicken Schal. »Ganz gut«, sagte Roland, »kalt«. »Wie wär 's denn mit uns beiden, hm?« fragte der

Bursche. Roland bewegte unentschlossen den Kopf hin und her, zugleich starrte er auf die dunklen Hosen des anderen, die dem breiten Unterleib dicht auflagen. »Es ist schon so spät«, sagte Roland und rechnete sich aus, daß er noch zehn Mark in der Tasche haben mußte. »Egal!« sagte der Große, »hast du keine Lust?« »Lust schon«, sagte Roland. »Dann komm, wir gehen da rüber. Ich weiß da 'n Platz, die Trümmer werden ja immer weniger, bald weiß man gar nichts mehr.« Sie setzten sich in Bewegung.

»Lange nich gesehen, was?« sagte der Große, »Nee, ich bin 'ne Zeitlang nich hier gewesen«, sagte Roland, »ich war in 'n Mädchen verliebt.« »Das ist immer dasselbe«, sagte der Große ernsthaft. »'n paar Wochen oder 'n paar Monate, manchmal auch 'n Jahr, halten sie 's aus, dann läuft ihnen 'nen hübscher Kerl übern Weg, oder 's ist sonst irgendwas, dann kommen sie wieder.« »Soll wohl sein«, sagte Roland. »Übrigens«, fügte er hinzu, »vorher hab ich dich aber auch lange nicht gesehen.« »Nee«, sagte der Große, »Kunststück, ich war in Staatspension. Hab im Fasching voriges Jahr so 'n Weibsbild aus 'ner Kneipe mitgenommen und ihr einen verpaßt, nachher hat sie gesagt, war Notzucht. Hat mir alles nichts genützt, habe eben gesessen. Nächsten Monat geh ich nach Hamburg.«

Hinter einem offenen Tor lag ein verwahrlostes Gelände, auf dem einige Lastzüge parkten. Sie stellten sich in der dunkelsten Ecke eng an die Mauer; dicht neben ihnen sah man im Boden die Reste alter Kellerräume, die von dem Haus übriggeblieben waren, das hier einmal gestanden hatte. Dürres Gestrüpp stand darauf, und dazwischen lagen Schneereste, die den blanken Mondschein spiegelten. Sie machten einander die Hosen auf, und jeder schauerte unter den kalten Händen des anderen. »Ich glaub nicht, daß ich einen hochkriege«, sagte der Große nach einer Weile, »ich hab vorhin meine Alte zweimal fertiggemacht. Hast du nicht 'nen Fickbeutel da?« Roland schüttelte den Kopf. »Mit 'nem Fickbeutel krieg ich immer einen hoch«, sagte der Große.

Ehe sie das Gelände verließen, hielt er Roland die flache Hand unter die Nase: »Die Eier her!« sagte er. Roland gab ihm die zehn Mark in Münzen, und der andere zählte nach. »Mehr haste nicht?« fragte er. »Nee, leider nicht«, sagte Roland. »Auch gut«, sagte der Große, »komm, gib mir wenigstens 'n Küßchen«, und er hielt seinen Mund dicht vor den Rolands. Aber Roland schüttelte den Kopf. »Du bist ein komisches Huhn!« sagte der Große. »Na, mach 's gut!« Sie waren wieder auf der leeren Straße. »Ebenfalls!« sagte Roland, »und viel Spaß in Hamburg!« Sie gaben sich kurz die Hand, dann gingen sie in entgegengesetzten Richtungen davon. Roland fror wieder stärker; gut fünfundzwanzig Minuten hatte er zu gehen, bis er in seiner Bude war.

Vielleicht war es in dieser Nacht, daß er von seinem Freund Axel träumte, den er seit fast drei Jahren nicht mehr gesehen hatte. Damals hatte es ein paar Tage oder Wochen gegeben, da war Roland in Axel verliebt gewesen; auf Axel hatte das keinen großen Eindruck gemacht, er begann zur gleichen Zeit eine Geschichte mit irgendeinem Peter, den Roland nie kennenlernte. Kurz darauf mußten beide, Roland wie Axel, den Studienort wechseln, aber sie waren befreundet geblieben und schickten sich jedes Jahr drei oder vier lange Briefe. Geschlafen hatten sie nie miteinander.

Als Roland am Morgen erwachte, wußte er nicht, ob der Traum aus dieser oder einer noch früheren Nacht stammte, aber er sah das Bild deutlich vor sich: Axels weit offene Hose, darin stand das fast aufgerichtete Glied, und er riß es aus dem fremden Leibe heraus, hielt es in der linken Hand, und ohne den noch einmal anzusehen, dem dieses Glied gehört hatte, bearbeitete er es mit der rechten Hand solange, bis der Samen austrat.

Roland starrte ein paar Minuten gegen die Zimmerdecke, dann stand er auf.

Der neunundvierzigste Geburtstag Werner Grünaus fiel auf einen Samstag. Wie an den andern Tagen der Woche erwachte er pünktlich um halb sieben, und sofort fiel ihm ein, das dies sein Geburtstag war. Er begann nachzudenken, wie er sich diesen Tag einrichten könnte. Ein paarmal schlief er für einige Minuten wieder ein, und wenn er erwachte, versuchte er von neuem, einen Plan aufzustellen. In anderen Jahren war das kein Problem – er ging in die Finanzbuchhaltung der Rohde AG wie gewöhnlich, die Kollegen stellten ihm einen Blumenstrauß an den Platz, nachmittags spendierte er Kaffee und Kuchen, das billige zusammengestückelte Geschirr stand zwischen den Papieren, und nach Arbeitsschluß ging er mit einigen Kollegen und wenigstens den unverheirateten Damen irgendwohin für einige Glas Bier und einen »Happen« – ein Tartarbrötchen oder eine Wurst oder ein Schaschlik. Wenn er dann nach Haus kam, las er die Post von seiner Schwester und war müde und ging ins Bett, und der Geburtstag war vorbei. Daß sein Geburtstag zuletzt auf einen arbeitsfreien Tag gefallen war, mußte fünf oder sechs Jahre her sein – da hatte er ihn mit Heinz Bloschek verbracht, die Nacht wie den Tag, jenem jungen Drucker, mit dem er damals jedes Wochenende verbrachte, fast sieben Monate hindurch.

Sechs Jahre mußten es sein; Werner zählte sie unter der Decke an den Fingern ab. Sechs Jahre – er versuchte sich daran zu erinnern, was seitdem gewesen war, seit Heinz Bloschek einen anderen gefunden hatte, seit all den Eifersuchtsszenen, seit dem Ende. Seit Heinz Bloschek, seit Heinz Bloschek. Grünau schüttelte den Kopf auf dem hohen Kissen, er fuhr sich mit der Hand zärtlich über die

Schenkel, über den Unterleib, gegen die Haare auf seiner Brust, dann stand er auf. Er ging in den Duschraum, der zu seiner Einzimmerwohnung gehörte, und blickte in den Spiegel. Die grauen Haare vom Hinterkopf hatten sich auf der glatten Haut seiner Glatze verklebt, die erst eine Handbreit oberhalb der Stirn endete, sein Gesicht war blaß, die dicklichen Wangen hingen ein wenig, graue Bartstoppeln wuchsen darauf, an dem weichen Mund führten an jeder Seite zwei runde Falten vorbei, zwischen denen sich das Fleisch bauschte.

Zum Mittagessen war er bei Droeges eingeladen, das war der einzige feste Punkt in diesen Tag. Er frühstückte, dann nahm er seine braune Aktentasche und kaufte Brot und Wurst und Marmelade und Milch und Bier für das Wochenende ein. Einen Moment stand er vor dem Fenster des Konditors und überlegte, ob er sich ein Stück Geburtstagstorte kaufen sollte, dann ließ er 's, redete ein paar Worte mit Frau Treifel, der Besitzerin des Tabakladens, und ging wieder nach Hause.

In seinem Briefkasten steckte Post – ein Brief von seiner Schwester, von der noch immer kein Päckchen eingetroffen war, und ein Brief von Kurt, der sich alle paar Jahre an seinen Geburtstag erinnerte und dann wieder zwei oder drei verstreichen ließ, als sei ihm das Datum gar nicht bekannt.

Seine Schwester schrieb: »Lieber Werner! Zu Deinem Geburtstag wünschen wir Dir alle, auch Erich und die Kinder, alles Gute. Ein Päckchen ist abgegangen, leider ein bißchen zu spät, ich hab so viel zu tun. Hoffentlich gefällt es Dir. Uns allen geht es gut, und wir hoffen dasselbe von Dir. Thereses Schulzeit geht nun auch zu Ende, in vierzehn Tagen hat sie 's geschafft. Dann hat sie die Mittlere Reife, und Erich will dann mit uns über Ostern wegfahren,

Klaus will hier bleiben wegen seiner Freundin. Er ist ja auch schon bald zweiundzwanzig, da muß er wissen, was er tut. Das Mädchen ist nett, wir würden uns nicht wundern, wenn sie sich bald verloben. Wir haben nichts dagegen, aber er ist ja noch sehr jung. Vielleicht besser, als wenn man so lange wartet wie Du. In Erichs Büro ist jetzt eine, so Anfang bis Mitte Dreißig, die würde gut zu Dir passen, finden Erich und ich, sie war neulich mal hier. Aber Du wirst Dich schon selber umtun, langsam wird es ja Zeit, wenn Du nicht als Hagestolz, wie man sagt, sterben willst. Was ist denn aus der Kollegin geworden, die damals mit uns im Kino war? Du hast nie wieder was von ihr geschrieben. Die ideale Frau gibt es eben nicht, das hab ich auch Klaus neulich gesagt, als ihm irgendwas an Inge, so heißt das Mädchen, nicht paßte. Wir hoffen, Dich in diesem Sommer zu sehen. Wenn wir in Ferien fahren, kommen wir sicher wieder bei Dir vorbei. Willst Du Dich nicht mal aufschwingen, uns hier zu besuchen? Wir haben alles neu tapezieren lassen. Feier Deinen Geburtstag schön, und alles Gute. Mit herzlichen Glückwünschen von allen – Deine Gerda.«

Kurt schrieb: »Lieber Werner, herzliche Glückwünsche zu Deinem Geburtstag. Es ist ja wohl der neunundvierzigste, jünger werden wir alle nicht. Was treibst Du so? Wir haben uns ja Ewigkeiten nicht gesehen. Das ist alles lange her, aber ich denke immer noch gern an die drei Jahre in der Hoferstraße 43 zurück. Da waren wir noch jünger, was? Ich weiß noch, wie bei der wüsten Feier zu Deinem dreißigsten Geburtstag plötzlich Deine Mutter vom Bahnhof anrief. Es war ganz schön damals mit uns beiden. Mein jetziger Freund ist zehn Jahre jünger als ich, ich kenne ihn gut ein Jahr. Aber ich glaube, eigentlich steht er auf Jungen, und ich lasse ihn auch, wir sehen uns zwei-, dreimal im Monat. Mehr ist nicht drin, aber ich bin froh, daß ich ihn überhaupt habe. Er sieht auch ganz gut aus. Und wie ist es bei Dir? Ich hoffe, Du bist besser dran. Besonders viel können wir ja auch nicht mehr verlangen. Auf meiner Stelle hier bin ich immer noch ganz zufrieden. Neulich hab ich eine Gehaltserhöhung bekommen, man kann 's gebrauchen. Bleib gesund, und viel Glück für Dein neues Lebensjahr – Dein Kurt.«

Nach der Lektüre der beiden Briefe räumte Werner sein Zimmer auf und wusch in dem kleinen Küchenraum das Frühstücksgeschirr und den Abendbrotteller von gestern ab. Er überlegte, was er zum Mittagessen bei Droeges anziehen könnte, und fand, daß er eigentlich gar kein wirklich gutes weißes Hemd mehr besaß. So verbrachte er den Vormittag mit einem Stadtbummel; außer dem Hemd kaufte er sich noch eine Krawatte und zwei Paar Strümpfe. Er brachte die Sachen nach Hause und zog sich um; pünktlich um viertel nach eins klingelte er bei Droeges.

Droege war Gruppenleiter in der Finanzbuchhaltung; Grünau war sein Stellvertreter. Sie waren nicht richtig befreundet, aber sie hatten ein gutes Verhältnis miteinander, und jedes Jahr kam es ein-, zweimal vor, daß Droeges Grünau einluden – meist mit einer Reihe anderer Gäste zusammen zu einer Maibowle oder einem Punsch. Grünau revanchierte sich dafür, indem er Frau Droege zu ihrem Geburtstag regelmäßig einen Blumenstrauß schickte und ihrem Mann ziemlich häufig Grüße für sie auftrug. Daß das Ehepaar ihn nun an seinem Geburtstag zum Mittagessen eingeladen hatte, weil er an einem Samstag ja allein sein mußte, war Grünau als eine besonders herzliche Aufmerksamkeit erschienen, und so bedankte er sich für diese Freundlichkeit mit einer kleinen Schachtel Pralinen, auf die er einen Veilchenstrauß gebunden hatte.

An dem Mittagessen nahmen auch die beiden Töchter teil, die fünfzehn und neunzehn Jahre alt waren. Alle gratulierten Grünau, dann setzte man sich zu Tisch. Es gab eine Fleischbrühe, dann Rouladen mit Nudeln und zum Nachtisch einen Vanillepudding mit Obstsalatkompott. Die ältere der beiden Töchter erzählte von ihrem Winterurlaub, aus dem sie vor zwei Wochen zurückgekehrt war, und ihre Mutter schloß an diesen Bericht aus Bayern eine längere Betrachtung über die Gaststätten- und Hotelverhältnisse in Österreich an. Droege und Grünau schilderten dann, wie ihr Abteilungsleiter seine letzten Ferien verbracht hatte, worüber allerlei Geschichten im Umlauf waren, deren Quelle möglicherweise Herr Kolbe selbst war. Nicht nur, daß er zweimal in den falschen Zug gestiegen war – er hatte das eine Mal sogar seine Frau dabei verloren; am Urlaubsort selbst hatten sie sich dann den unmöglichsten Kuren gewidmet. Die Tischrunde sendete diese und andere Geschichten über Herrn Kolbe hin und her; dann sprach man von Krankheiten, Krankenkassen, und die ältere Tochter, Trude, beschrieb den merkwürdigen Betriebsunfall, der einer Kollegin passiert war und der sich als ebenso folgenreich wie kostspielig erwiesen hatte.

Nach dem Essen mußten die Töchter abwaschen, die Erwachsenen tranken eine Tasse Kaffee. Droege erzählte einen Witz über den Geburtstag einer Hure und einen zweiten über einen homosexuellen Pfarrer; Grünau erzählte zwei Witze über Homosexuelle in der Eisenbahn und Droege daraufhin einen längeren über die Bahnreise einer Schwangeren. Frau Droege, eine mollige Blonde, hustete vor Lachen, und Grünau erzählte noch die Geschichte von dem Schwyzer im Bordell.

Die Tassen waren leer, die Uhr rückte schon auf drei. »Es war sehr nett bei Ihnen«, sagte Grünau, »eine gelungene Verschönerung meines Geburtstages. Und nun werde ich mich wieder auf die Socken machen.« »Na, wir sind zufrieden«, sagte Frau Droege, »wenn wir so einen eingefleischten Junggesellen wie Sie wieder mal von den Vorteilen des Familienlebens überzeugen konnten. Wir hätten Sie auch gern zum Kaffee hierbehalten, aber meine Eltern haben sich angesagt, und die wollen uns immer ganz allein für sich haben.« Werner bedankte sich noch einmal bei beiden, verabschiedete sich auch von den Töchtern, die gerade aus der Küche kamen, und nach einem weiteren Händedruck, den er an der Haustür mit Droege wechselte, machte er sich auf den Heimweg.

Er legte sich eine Stunde schlafen, dann ging er ins Kino. Das tat er fast jeden Samstag. Es gab einen Kriminalfilm; in der Wochenschau wurden Bilder von irgendwelchen Leichtathletikkämpfen gezeigt, und plötzlich fühlte Grünau die Geilheit in sich erwachen, vor der er sich seit einer ganzen Reihe von Tagen und noch am Vormittag sicher gefühlt hatte.

Es dunkelte schon, als er aus dem Kino kam. Er kaufte sich eine dicke bunte Wochenendzeitung und ging wieder hinauf in sein Zimmer. Er las in der Zeitung hin und her und trank dabei eine Flasche Bier. Dann machte er sich zwei Wurstbrote zurecht und kochte ein Ei. Nachdem er gegessen hatte, schaltete er den Fernsehapparat an, und wenn er auch jedes der verschiedenen Programme eine Weile mit ansah, so gefiel ihm doch keines, und schließlich machte er das Gerät wieder aus. Er öffnete das Fenster; anscheinend hatte der Wind gedreht, und milde warme Märzluft kam Grünau entgegen. Er schloß das Fenster und ging in den Duschraum, wo er sich ein zweites Mal rasierte.

Im Monokel war samstags immer Hochbetrieb. Alle

Tische waren besetzt – zu zweit, zu dritt, zu viert, zu sechst saßen die Männer zusammen und redeten und lachten; manchmal legte sich ein Arm um eine Schulter, oder jemand flüsterte seinem Nachbarn etwas zu und küßte ihn dann aufs Ohr oder auf die Wange, und hin und wieder kreischte ein ganzer Tisch junger Leute hell auf, so daß sich das übrige Lokal nach ihnen umdrehte. Die meisten Gäste waren nicht älter als fünfunddreißig; von seiner Generation sah Werner vier oder fünf. Er gesellte sich zu den Vielen, die in vier Reihen vor der Theke standen, und bestellte ein Cola Weinbrand. Er war seit Wochen nicht hier gewesen und fragte sich, warum eigentlich nicht; auch wenn er im Augenblick noch mit niemandem sprach, so hatte er doch – und, wie er sich erinnerte, nicht zum erstenmal – das Gefühl, hier gut aufgehoben zu sein und sich in einer Art Gemeinschaft zu befinden. Andererseits wußte er wohl, warum er solange nicht hergekommen war: zu oft nacheinander hatte er mehrere Stunden hier zugebracht, ohne jemanden zu finden, und war verbittert und voller Überdruß nach Hause gegangen; doch jetzt erschien ihm das nur wie eine Reihe unglücklicher Zufälle. Er nickte ein paar Leuten zu, die er flüchtig kannte; sie nickten zurück und setzten ihr jeweiliges Gespräch fort. Eine Zeitlang fixierte Werner einen schwarzhaarigen Burschen von Ende Zwanzig; als dieser das merkte, drehte er sich auf dem Absatz herum und wandte Grünau den Rücken zu. Ein kleiner dicker Mechaniker mit heruntergezogenen Mundwinkeln kam heran und begrüßte Werner; sie hatten hier schon öfter miteinander geredet. »Sie hat man ja lange nicht gesehen!« sagte er, und Werner nickte. Der starke Geruch der Pomade, mit der der Dicke sein Haar angeklebt hatte, stieg ihm in die Nase. Der Mann war ungefähr sechs Jahre jünger als er selbst. »Hab ich Ihnen eigentlich schon erzählt, daß mich neulich die Polizei angehalten hat?« fragte der Dicke. »Nee«, sagte Werner, »wo ist Ihnen das denn passiert?« »In den Wallanlagen«, sagte der Dicke. »Ich stand mit 'nen paar andern hinter 'ner Strauchreihe. Wir machten gar nichts, wir guckten bloß so 'n Verrückten an, ungefähr unser Alter, der stand vor uns und hatte seine Hosen halb runter und starrte uns an und haute sich einen ab. Plötzlich sah einer ziemlich weit weg 'n Auto aufs Gras fahren, das war Polizei, das war klar. Na, wir raus aus den Sträuchern und ganz ruhig den Weg runter, ich alleine. Als ich auf den Querweg kam, stand das Auto plötzlich da. ›Machen Sie denn hier?‹ fragt mich einer von denen. ›Ich geh hier spazieren‹, sage ich, 's war erst elf Uhr. ›Wieso denn grade hier?‹ fragt der. Ich sage: ›Weil ich hier drüben in der Angerstraße wohne‹, sag ich, ›und es ist meine Angewohnheit, daß ich vorm Schlafengehen nochmal frische Luft schnappe.‹ Und dann ging ich zum Angriff über und sag: ›Und warum soll ich hier nich gehen, Herr Wachtmeister?‹ ›Sie wissen wohl nicht, daß sich hier Gesindel rumtreibt?‹ fragt er, ›haben Sie Ihren Ausweis da?‹ Zufälligerweise hatte ich. ›Hm‹, sagt er zu den andern, ›Angerstraße‹. ›Komm, laß, steig ein!‹ sagt der andere, denn sahen sie mich scharf an, und ich trabte los, und die fuhren weg. Aber ich kann Ihnen sagen, das is 'n Gefühl! Stellen Sie sich vor, wir hätten die nicht gesehen – und wir da oben mit diesem Kerl mit seinem Pinn in der Hand!«

Werner berichtete eine ähnliche Geschichte, die ihm einmal passiert war, und der Dicke erzählte von einem Freund, den sie verurteilt und eingesperrt hatten. Dann verabschiedete er sich, und Werner bestellte ein neues Cola Weinbrand. Ein häßlicher blasser Mann von Anfang Dreißig sah ihn aus dicken Brillen mit traurigem Hundeblick an, und Werner sah weg. Dann und wann merkte er den abschätzenden Blick anspruchsvoller Strichjungen, Blicke im Vorübergehen; aber er sah nicht nach Geld aus. Ein fast weißhaariger Herr mit gepflegtem Schnurrbart erregte größeres Interesse bei ihnen; er war auffällig elegant angezogen, und an seinem kleinen Finger schimmerte ein riesiger Brillant. Anscheinend kannte er viele der jungen Leute hier; er lachte über ihre Sprüche und manchen küßte er zur Begrüßung auf die Wange. Auf der anderen Seite sah Werner einen, der auch an die Fünfzig sein mochte, aber groß und schlank war; der hätte was mit Film oder Theater zu tun, hörte Werner jemanden sagen. Er hatte seine Arme um zwei extravagant gekleidete junge Burschen gelegt, die beide weiches blondes Haar hatten, und jeder von den dreien schien den anderen an Geziertheit über-treffen zu wollen. Der eine von den beiden jungen allerdings war bildhübsch; er war groß und kräftig, und wenn er lachte, zeigte er starke weiße Zähne, die Augen hatten ein warmes Braun. Werner starrte ihn an; als der Alte in der Mitte, der offenbar diesem mehr zugetan war als dem anderen, seinen Blick bemerkte, sah er schnell weg. Er bestellte ein neues Cola Weinbrand und rückte neben einen Mann von Mitte Dreißig, der mit seinem narbenbedeckten Gesicht aussah als sei er der Held irgendwelcher Wildwestfilme oder als habe er Bergsteigerexpeditionen im Himalaya geleitet. Grünau beobachtete ihn eine Zeitlang; schließlich entdeckte er, daß jener mit einem blauäugigen Jüngling in hellbraunem Cord-Anzug Blicke wechselte. Werner betrachtete den jungen Mann; in dem Moment ging der mit den Narben auf den zu, und Werner hörte ihn den Jungen fragen, was er denn trinke.

So ging die Zeit dahin; im Hintergrund plärrte und schluchzte und stampfte die Musik aus dem Schallplatten-automaten, manchmal sang jemand ein paar Verse mit. Das Lokal war nicht mehr so voll wie vorhin, als er gekommen war; immer mehr Gäste brachen auf, viele zu zweit. Auch der mit den Narben und der braune Cordsamt-Anzug gingen fort, und Werner bestellte ein neues Cola Weinbrand, und die Bedienung sagte: »Das wäre das achte!«, als sie ihm das Glas hinstellte. Er hatte es gerade ausgetrunken, da rief einer der jungen Männer hinter der Theke: »Feierabend!«, und Werner bestellte rasch noch ein Bier und einen Steinhäger zum Abschluß.

Er wollte noch in die Bierklause, die länger offen hatte als die anderen Lokale und wo die ordinärere Gruppe der Strichjungen verkehrte, von denen er jetzt einen nehmen wollte, und wenn das nicht klappte, wollte er in die Wallanlagen, in denen samstags fast die ganze Nacht Leute auf und ab liefen. Aber er hatte noch nicht den halben Weg zur Bierklause hinter sich, da mußte er sich übergeben und bekam im selben Augenblick rasende Kopfschmerzen. Er ging nach Hause.

Bis in den frühen Sonntagnachmittag hinein schlief er; dann las er die dicke Zeitung zu Ende und verbrachte den Rest des Tages vor dem Fernsehapparat. Erst am Montag fühlte er sich wieder richtig gesund. Als er ins Büro kam, standen Blumen auf seinem Tisch, und nachmittags spendierte er Kaffee und Kuchen. Nachher gingen Droege und noch drei andere mit auf ein paar Bier; kurz nach neun war er in seiner Wohnung. Dort lag das Päckchen von seiner Schwester und außerdem eine Karte von Heinz Bloschek. Seine Schwester schickte ihm einen Schlips und ein Zimmerthermometer, und alles war schön in buntes Seidenpapier verpackt. Grünau glättete es und faltete es sorgfältig zusammen und dachte währenddessen darüber nach, ob Heinz Bloschek mit seiner Karte wohl irgendeine besondere Absicht verfolgt hatte; er schrieb: »Lieber Werner!

Mir fiel ein, daß Du jetzt irgendwann Geburtstag haben mußt. Herzlichen Glückwunsch! Ich hoffe, daß es Dir gut geht. Hier würde es Dir auch gefallen, es ist allerlei los hier. Viele Grüße – Heinz.« Werner las die Karte noch einmal, drehte sie um und starrte auf den »Alten Markt mit Schillerdenkmal«, dann las er sie ein drittes Mal. Müdigkeit überfiel ihn. Er hängte die neue Krawatte über das weiße Band an der Innenseite der Schranktür und legte das Thermometer auf die Fensterbank; dann holte er das Bettzeug aus dem Kasten, und zehn Minuten später schlief er.

DER VOLLE SCHEIN der Reklameschriften und der Schau-
fensterbeleuchtung fiel auf die Fürstenstraße. Es war gegen
neun Uhr; zu dieser Zeit endeten viele Kinovorstellungen,
die Leute kamen heraus, und das Publikum der letzten
Vorstellung kam ihnen entgegen. Hermann war auf dem
Wege zum Monokel. Es ist eine Angewohnheit vieler Männer,
nach netten Mädchen Ausschau zu halten und ihnen nachzu-
sehen; Hermann kam nie in die Gesellschaft anderer Leute,
ohne Ausschau zu halten nach netten jungen Männern und
nach Männern, die möglicherweise mit anderen Männern ins
Bett gehen. Jede Straße, jeder Platz, wo nicht ganz wenige
Menschen sind, ja jede größere Festgesellschaft ist so von
den Blicken der Männer, die nach Männern Ausschau halten,
durchzogen wie von unsichtbaren Fäden, die einzeln dahin-
laufen, die sich mit anderen kreuzen, manchmal mit anderen
verknoten, die unruhig hin und her gleiten, die nicht reißen.

Hermann sah viele Leute. Einige Gesichter regten seine
Phantasie an, einige Hosen nicht minder, einige Homosexuelle, die er vom Ansehen kannte oder nicht kannte,
fielen ihm auf, und er sah weg. Wieder kam ihm ein einzelner
junger Mann entgegen, der trug einen blauen Regenmantel.
Hermann sah ihm ins Gesicht, und das Gesicht gefiel ihm,
der andere sah ihn an, und so begegneten sich ihre Blicke und
hielten einander fest bis der eine am anderen vorüber war.
Hermann ging noch fünf Meter, dann drehte er sich um und
sah dem andern nach; der auch war fünf Meter gegangen und
hatte sich umgedreht und sah Hermann nach. Beide setzten
ihren Weg fort, und wieder nach einem Stück drehte sich der
eine zwei- oder dreimal um, bis der andere sich auch gerade
umdrehte. Und wieder gingen sie noch weiter auseinander,

und wieder sahen sie sich nacheinander um. Hermann blieb vor dem Schaufenster eines Schuhgeschäfts stehen und betrachtete die Schuhe – er warf einen Blick nach rechts, da stand dreißig Meter weiter jener vor einem Schaufenster und ging offenbar von rechts nach links daran entlang. Dann ließ er das Schaufenster hinter sich und kam langsam bummelnd die Straße wieder herunter. Hermann ging in die Schaufensterpassage des Schuhgeschäftes hinein und betrachtete die Schuhe. Nach einer Weile trat auch der mit dem blauen Regenmantel in die Passage und betrachtete die Schuhe. Draußen gingen die Leute vorbei, Leute, Leute, vom Kino, zum Kino, Leute, die von der Arbeit kamen, und Leute, die spazierengingen, und Leute, die zusammen in eine Gaststätte wollten oder aus einer Gaststätte kamen. Hermann und der mit dem blauen Mantel standen fast nebeneinander und sahen sich an, und das volle weiße Licht fiel auf ihre Gesichter, und sie gefielen sich, und Hermann lachte auf und sagte: »Das ist ja 'ne Sache, na was? Guten Abend!« »Tjaa«, sagte der andere, »guten Abend! Schöne Schuhe hier, nicht?« Und beide lachten leise, und über Hermanns mädchenhaftes volles Gesicht zog eine leichte Röte, dann schlug er in komischer Scham die langwimprigen Lider über seine schönen braunen Augen, und Eberhard sagte: »Als ich Sie zuerst sah, hätte ich nicht gedacht, daß Sie sich nach mir umdrehen würden.« »Warum nicht?« fragte Hermann, und der andere zuckte die Schultern und machte eine kokett hilflose Handbewegung, und sie lächelten sich an. »Ich heiße Hermann«, sagte der eine. »Und ich Eberhard«, sagte der andere. »Wollen wir noch länger Schuhe ansehen?« fragte Eberhard. »Nicht unbedingt!« sagte Hermann, und wieder schlug er die Augen nieder, und es schien etwas von Vertrauen und Hingabe in der Gebärde zu liegen. »Wir könnten zu mir gehen«, sagte

Eberhard, »ich wohne in Eilsdorf, mit 'ner Taxe keine zehn Minuten.« »Prima«, sagte Hermann, »das ist nicht schlecht – da komm ich gerade her«, und indes die beiden die Fürstenstraße hinaufgingen, stellte sich heraus, daß sie kaum fünf Minuten voneinander entfernt wohnten.

Eberhard hatte ein schönes Zimmer in einem kleineren Appartement-Haus. Er zog die dunkelroten Vorhänge zu und knipste eine kleine Lampe an, die auf dem Boden stand. Er legte eine Schallplatte von Ella Fitzgerald und Louis Armstrong auf, und sie sprachen ein wenig über Platten und Plattenumschläge. Hermann war Goldschmied und träumte davon, sich mit Gebrauchsgrafik zu beschäftigen. »Da könnte man doch noch Sachen machen«, sagte er, »bei den Goldschmieden ist es nicht mehr wie 's mal gewesen ist. Es ist so selten, daß mal Phantasie und so von einem verlangt wird, meistens ist es immer dasselbe.« Sie saßen auf der breiten Couch; Hermann lehnte sich etwas zurück an die Wand, und wieder schlug er mit dem Ausdruck von Hingabe und vertrauensvollem Einverständnis die Augen nieder. »Aber ich weiß gar nicht, ob ich Gebrauchsgrafik könnte – Zeichnen und Werbung sind ja ganz was Verschiedenes.« Und er lächelte ein wenig unbeholfen und ließ seine Hand an Eberhards Oberschenkel hinaufgleiten, als wüßte er 's nicht. Eberhard küßte ihn und war froh.

Später, als sie ausgezogen nahe zusammenlagen und sich nicht entschließen konnten, ein Ende, wenigstens ein erstes Ende, herbeizuführen, sagte Eberhard: »Mensch, da wohnen wir seit ein paar Monaten so dicht zusammen und wissen es nicht. Dafür renn ich nachts die Straße runter und rund um den Block und treffe niemanden, vor allem nicht dich!« »Ich bin ja oft auch gar nicht frei«, sagte Hermann, »weil ich ja viel mit Walter zusammen bin.« »Wer ist Walter?«

fragte Eberhard. »Ach so, kennst du ja gar nicht, das ist mein Freund, Walter Aiblinger, den Namen hast du ja sicher schon gehört«, sagte Hermann. »Nee«, sagte Eberhard, »keine Ahnung. Wer ist denn das?« »Der ist seit 'nem Jahr hier Direktor von der Gemäldegalerie!« sagte Hermann. »Ist nicht so jung, fast vierzig, achtzehn Jahre älter als ich. Aber 'n prima Kerl. Ist bloß so irrsinnig eifersüchtig. Im Augenblick ist er verreist, sonst könnt ich gar nicht hier sein. Er hat 'n Schlüssel, und wenn er mich zu Hause nicht findet und nicht weiß, wo ich bin, macht er mir 'n großen Skandal.« »Wohnt ihr zusammen?« fragte Eberhard. »Ach, unmöglich«, sagte Hermann. »Erstens sowieso und zweitens ist er ja auch verheiratet.« »Verheiratet? Und die Frau läßt sich das alles gefallen?« fragte Eberhard. »Die gemeinsame Wohnung haben sie nicht hier«, sagte Hermann, »manchmal fährt er rüber zu ihr, manchmal kommt sie zwei, drei Tage her. Das ist alles so schwierig wegen der Kinder.« »Ach du meine Güte!« sagte Eberhard, »Kinder haben sie auch! Für die Frau ist das ja kein Vergnügen.« »Nein«, sagte Hermann, »aber sie ist auch ein bißchen komisch, die versteht den Walter auch nicht.« »Ist ja auch nicht so einfach für so 'ne Frau«, sagte Eberhard, »kennst du sie?« »Ja, ich hab sie mal kennengelernt«, sagte Hermann. »Und?« fragte Eberhard. »Sieht ganz gut aus, auch elegant und so«, sagte Hermann, »aber sie macht 'nen furchtbar kalten Eindruck. Das sagt Walter auch, daß sie so kalt ist. Mich hat sie kaum angesehen.« »Weiß sie denn Bescheid?« fragte Eberhard. »Natürlich, die haßt mich wie die Pest. Ach, das ist alles so schrecklich!« Hermann seufzte und schlang seine Arme um Eberhards Hals, und von neuem schoben sich ihre nackten Körper dichter ineinander.

Es war nach zwölf, als Hermann sich auf den Heimweg machte. Sie standen in dem kleinen Vorraum an der

Wohnungstür und hielten sich an den Händen. »Findest du mich ein bißchen nett?« fragte Hermann. »Allerdings«, sagte Eberhard. »Meldest du dich mal wieder, oder soll ich mal bei dir klingeln?« »Nee, lieber nicht«, sagte Hermann, »das ist so 'ne Sache wegen Walter. Ich melde mich.« »Aber auch tun!« sagte Eberhard, und Hermann küßte ihn. Die Tür stand schon offen, sie gaben sich noch einmal die Hand, und Hermann sagte leise »Denk mal an mich!« und schlug wieder seine langwimprigen Lider nieder. Eberhard nickte, und Hermann ging die Treppe hinunter. Auf halber Höhe drehte er sich noch einmal um und winkte zärtlich zurück. Draußen war 's frisch; er war froh, daß er nicht fürchten mußte, in seinem Zimmer jemanden zu treffen, der ihn fragen würde, wo er den ganzen Abend gewesen war.

Eberhard oben spielte noch einmal ein Stück der Platte, die sie zuletzt gehört hatten, und kuschelte sich tief in das warme Bett. Ihm schien, er sei seit langem nicht, ja vielleicht noch nie, so vergnügt eingeschlafen.

GÜNTER STEIN war verliebt. Das Mädchen hieß Helga und arbeitete in der gleichen Abteilung wie er, wenn auch nicht in demselben Büro. Es war das erstemal seit zehn Jahren, daß er in ein Mädchen verliebt war. Eigentlich das erstemal überhaupt – damals war er dreizehn gewesen, und bald darauf hatte er sich nach Jungen gesehnt, war manchmal mit welchen in Betten und Sträucher gekrochen, hatte bei einer Klassenreise nachts lange am Bett eines schlafenden Kameraden gestanden, den er vergeblich liebte, hatte ihn zugedeckt, wenn der im Schlaf die Decke beiseiteschob, und schließlich hatte er sich damit abgefunden, daß er wenigstens für ein paar Jahre des Übergangs sich als Homosexuellen betrachten müßte, wenn auch nicht als einen »richtigen«.

Helga war zwanzig, und bald nachdem sie in die Firma eingetreten war, hatten sie angefangen miteinander zu flirten. Sie war ein hübsches Mädchen mit einer leichten Neigung zur Fülle; ihre Brust war stark und ihre Hüften breit. Aber Helga war nicht dick; vielleicht würde sie es einmal werden. Sie war sanft und lustig und im ganzen das, was Jungen einen »patenten Kerl« nennen; ihr weiches Fleisch reizte die Phantasie in der gleichen Weise wie manche Aktbilder von Renoir. Seit zweieinhalb Monaten gingen die beiden häufig zusammen aus. Nachher standen sie unter den dunklen Bäumen vor ihrer Haustür und flüsterten; er preßte sie an sich, und unter ihrem Mantel glitt seine Hand über ihre Brüste, manchmal zwang er seine Finger sogar unter ihren Büstenhalter, und sein Geschlecht richtete sich auf, und sie küßten sich lang und lang.

Manchmal dachte er daran, sie zu heiraten; häufiger dachte er daran, mit ihr zu schlafen. Dann aber fragte er sich, wie dieses Mädchen, das ganz augenscheinlich noch eine Jungfrau war, ihn ansehen würde, jeden Tag im Büro, wenn seine Liebe den Beischlaf nicht lange überleben würde, und er hatte Angst vor diesem weichen vorwurfsvollen Blick. Denn ganz sicher war er sich der Dauerhaftigkeit seiner Liebe nicht, und hin und wieder fragte er sich, ob er sie überhaupt liebte; sicher war er nur darin, daß diese Liebe zu Helga ein Markstein war, der ein dunkles und verworrenes Land abschloß, das er nie wieder betreten würde. Diese Liebe ließ ihn die Mädchen gleichsam erst entdecken; hatte er sich sonst auf der Straße, im Bus, nach Jungen und Männern umgedreht, so galt sein prüfender und tastender Blick nun den Mädchen und jungen Frauen.

Noch hatten die anderen im Büro nichts gemerkt. Auch daß Günter jetzt, wo sie seit ein paar Tagen krank war, das Haus am Feierabend in einer anderen Richtung verließ als sonst, fiel niemandem auf. Umso besser, dachte Günter. Sie hatte eine leichte Grippe, Günter setzte sich an ihr Bett, und leise sprachen sie miteinander; die Tür zum Nebenzimmer, wo ihre Eltern ins Fernsehgerät blickten, stand offen. Als es ihr etwas besser ging und einen Abend nur ihre Schwester in der Wohnung war, fuhren seine Hände tief unter ihre Bettdecke, aber Helga wehrte sich mit einem verliebten Lachen, und gleich darauf hörten sie die Wohnungstür gehen – ihre Mutter kehrte zurück.

Am Samstagnachmittag kaufte er einen dicken Blumenstrauß für sie. Sie war zum erstenmal wieder auf und sah noch ein bißchen blaß aus, aber sie war froh, daß er kam, und er war froh, daß sie fast wieder gesund war. Sie saßen in der guten Stube; ihre Schwester bereitete in der Küche den Kaffee vor, ihre Eltern machten einen Besuch in der Nachbarschaft und wollten bald zurückkommen. Günter erzählte von den kleinen Aufregungen des Vormittags, den er ausnahmsweise im Büro hatte zubringen müssen, Helga lächelte, er ging zu ihrem Sessel und küßte sie, er setzte sich wieder, sie sahen sich an und schwiegen. In der Küche hörte man die Schwester hantieren.

Sie schwiegen einen Augenblick zu lange – um den Augenblick zu lang, in dem Günter sich dachte, daß sie sich eigentlich nichts zu sagen hatten und daß Kosen und Schmusen noch keine Liebe ausmacht. Dann fragte er sie nach den Leuten, bei denen ihre Eltern waren, und sie erzählte von dem Städtchen, in dem sie früher gelebt hatten und wo jene Leute auch schon ihre Nachbarn gewesen waren. Sie holte ein Photoalbum, und Günter sah Helga als Baby, als Zweijährige, als Sechsjährige mit der Zuckertüte. Er sah ihre Schwester, und er sah das Brautbild ihrer Eltern und die unförmig schwere Großmutter, und Helga erzählte kleine Familiengeschichten, die er unausstehlich langweilig und muffig fand. Er sagte fast nichts, und als Helga es merkte, sprach sie umso lebhafter, und je lebhafter sie sprach, desto mehr hatte er den Eindruck, daß ihn das alles nichts anging.

Endlich brachte ihre Schwester, die die Eltern im Treppenhaus hörte, den Kaffee herein. Die Eltern berichteten von ihrem Besuch und von Schikanen, die die Stadtverwaltung jenen Leuten bereitete; daran schloß sich eine lange Erörterung behördlicher Praktiken, zu der sie alle etwas beitrugen und die grad so lange dauerte, wie der Kaffee reichte. Günter fragte, ob Helga mit ins Kino dürfe, doch ihre Eltern sagten, das sei unmöglich, da sie die Krankheit ja noch kaum überstanden habe. Auch sein Einwand, daß der Film nur noch dieses eine Mal, in dieser einen Vorstellung, gezeigt werde, nutzte nichts. Helgas Schwester war schon verabredet, und so meinten sie alle, er solle doch allein gehen. Er zögerte ein wenig, dann trank er das kalte Restchen Kaffee, das noch in seiner Tasse war, dann sagte er: »Da muß ich aber jetzt los.« Helga brachte ihn an die Wohnungstür, er küßte sie rasch und fragte sich, warum, und ein paar Sekunden später stand er auf der Straße, und es war ihm, als sei eine Last von ihm genommen, von der man nie hätte erwarten können, daß sie so leicht und unerwartet sich in Nichts auflösen würde.

Als er aus dem Kino kam, bummelte er durch die Stadt, und so lässig er auch dahinschlenderte, so sehr war er jetzt bedrückt. Und doch wußte er nicht, warum. Erst als er im Pissoir auf dem Holzmarkt stand und stehenblieb und immer noch stehenblieb und nach rechts und links sah, wie die Männer rechts und links von ihm nach rechts und links sahen, und alles genau so war, wie es vor drei Monaten im Pissoir auf dem Holzmarkt nachts um halb zwölf gewesen war, wußte er deutlich, daß er die Partie verloren hatte. Schließlich ging er mit einem jüngeren Mann in die Hecken an der Steinbrücke; kaum bemerkte er, wie der Mann aussah, und sie sprachen fast kein Wort miteinander, bis sie sich nach gut zehn Minuten trennten.

In dieser Nacht konnte Günter wenig schlafen, und wenn der Schlaf kam, so legte er sich wie eine tiefdunkle ungeheuer schwere Wolke über ihn, die eine Weile blieb und dann fortzog. Günter hätte gerne geweint, aber er konnte es nicht, und er drehte sich von der einen Seite auf die andere und wußte nicht, wonach er sich sehnen und wonach er seine Phantasie rufen lassen sollte, und dann warf sich die nächste schwere Wolke Schlafs über ihn.

Ein paar Tage darauf ging er mit Helga zu einem großen Jazztanzabend. Er tanzte die ganze Zeit nur mit ihr, und sie sprachen über die Leute um sie herum, und sie merkte nicht, daß er immer und immer zu einem Burschen mit großen schwarzen Augen und einem schwarzen Lockenkopf hinsah, der ein junger Ballettänzer war und auf den Günter vor zwei Jahren abendelang voll schmerzlicher Leidenschaft vergeblich gewartet hatte. Heute genügte es ihm, zu dem Burschen hinzusehen, der irgendein Mädchen im Arm hielt; froh fühlte er, wie sehr er recht gehabt hatte, sich in diesen zu verlieben, und er war glücklich und wurde immer munterer, je weiter der Abend fortschritt, so daß Helga ihn zufrieden und erstaunt ansah. Vom nächsten Tag an ließ er leichte Veränderungen in seinem Verhalten ihr gegenüber eintreten, und nach gut drei Wochen waren sie, ohne daß sie viel darüber geredet hätten, wieder nur noch zwei Leute, die in der gleichen Abteilung arbeiten und sich gegenseitig sympathisch finden. Ob Helga unter dieser Trennung etwa litt oder nicht, wußte Günter nicht, und er hatte kein Interesse daran, es zu erfahren.

AN EINEM FERIENSTRAND hatten sie sich kennengelernt, und ein paarmal hatten sie dort zusammen geschlafen. Roland fand den dreißigjährigen Musiker sympathisch, nur: er war ihm zu alt. Roland träumte immer von Männern, die wenigstens ein paar Jahre jünger waren als er selbst, und der Musiker war fünf Jahre älter als er. Heiner Braak, der Geiger, stand dem etwas hilflos gegenüber – er hatte sich in den Studenten verliebt. Und als der abreiste, nahm er ihm wenigstens das Versprechen ab, gelegentlich einmal zu schreiben.

Irgendwann im November kam Rolands erster Brief. Er enthielt keine Liebeserklärung – das hatte Heiner auch nicht erwartet; aber er war ein Freundesbrief und redete von den alten immer neuen Leiden: »Ich mußte für dieses Wintersemester hierher gehen; die Stadt ist klein, und trotz der Studenten ist wenig Betrieb. Glücklicherweise habe ich ein sehr nettes Zimmer gefunden, mit eigenem Eingang und eigener Kochnische. Ich habe mir schon Pfanne und Topf gekauft, zwei Teller, zwei Gabeln, zwei Messer, eine Teekanne und so Sachen, um da nicht auf die Wirtin angewiesen zu sein. Es fehlt nur noch die Person, die das zweite Messer benutzt. Ich warte immer und immer auf einen Menschen, warte voll Sehnsucht darauf, jemandem meine Liebe zu schenken, ihn glücklich zu machen. Manchmal sehe ich junge Leute mit großen Blumensträußen zu ihren Mädchen eilen, und ich denke: auch ich möchte mal unsinnig viel Geld in einem Rosenstrauß anlegen und ihn einem Jungen bringen, den ich liebe und der mich liebt. Aber nichts. Übrigens ist hier anscheinend sogar die Suche nach dem bloßen Vergnügen aussichtslos – die Stadt ist so klein, alles ist so gefährlich, es gibt keine Gelegenheiten. Ich lernte einen Studenten im zweiten Semester kennen, bildhübsch, er war auch schon mal hier in meiner Bude, aber ich glaube nicht, daß er so ist. Da sitzt er, leicht verträumt, guckt mich mit seinen blauen Augen an – aber ich kann ihn ja nicht freiweg fragen, dann ist er mir vielleicht ganz verloren, wenn er nicht . . . Ach, es ist alles schrecklich kompliziert . . .«

Heiner Braak legte den Brief auf den Tisch und starrte darauf. Wie gut er das alles kannte! Von sich selber, von allzuvielen Gesprächen an Theken und Bettkanten, von anderen Briefen. Nein, dazu fiel ihm längst kein Trost mehr ein.

Ein paar Tage später bekam Roland seinen Antwortbrief: »Auf Deine Bemerkungen zu dem ›zweiten Messer‹ würde ich Dir gern etwas Nützliches sagen, das helfen könnte, aber woher soll ich 's nehmen? Es gibt eine Tugend, die heißt Geduld – und viel mehr als geduldige Hoffnung kann ich Dir kaum anraten.

Ich weiß nicht, warum ich diese Klage, die Du da vorbringst, so oft höre und so oft selbst schon vorgebracht habe. Vor Jahren sagte mir mal ein blonder Junge in einer finsteren Hamburger Kneipe: Einmal kommt für jeden der Richtige. Ich für mein Teil glaub das nicht mehr so recht. Sicher, es gibt dann und wann mal eine besonders intensive Zuneigung, eine wirklich glückliche Beziehung – diese Affären dauern, wie Du weißt, drei Monate oder acht, und dann war 's eben doch nicht der ›Richtige‹. Daß zwei Männer mal Jahre oder gar viele Jahre zusammenbleiben, das hört man doch verdammt selten, und ich selbst habe bis jetzt nur vier solcher Paare kennengelernt. Die meisten aber sind ständig auf der Suche, und je mehr sie sich nach der einen, großen, wahren Liebe sehnen, desto mehr jagen sie von einem mehr oder minder abgeschmackten Vergnügen zum nächsten. Und ohne Liebe ist dies Vergnügen ja wirklich ein mittelmäßiges; es mit demselben Mann öfter zu wiederholen, macht dann kaum Spaß und also muß ein neuer her. Und vielleicht wird man gerade dadurch für die richtige Liebe überhaupt verdorben, und die große Sehnsucht bezieht sich immer mehr auf etwas Irreales.

Einmal kommt für jeden der Richtige. So? Wohl, möglich ist alles. Und doch habe ich eher den Verdacht, daß es zu diesem Fehler in der Natur gehört (denn ein solcher ist es schließlich ja doch), daß es da kaum je den ›Richtigen‹ gibt. Sicher, Hunderte und Tausende anderer junger Leute leben genauso und flattern von Mädchen zu Mädchen, und die chose ist bei ihnen im Grunde nicht erfreulicher als bei uns. Aber die bloße Tatsache, daß es die Institution der Ehe gibt und daß es übliche Zeitpunkte, Gründe und Bequemlichkeiten gibt, die zu dem entsprechenden Schritt veranlassen, führt die meisten endlich doch in diesen Hafen. Nicht so hier – es gibt für uns keinerlei Veranlassung, zusammen zu sein, als das Gefühl und keinerlei Institution sichert diese Zuneigung, dieses ganz und gar heimliche und private Glück, auch dann noch, wenn das bloße Gefühl für einen Moment oder für eine längere Zeit schwächer wird. Keine Institution bewahrt uns je davor, immer wieder – und sei es nur spielerischerweise – Ausschau zu halten und zu suchen, ›ob sich nicht noch was bessres findet‹. Und selbst wenn einer da seiner selbst sicher ist – kann er auch des anderen sicher sein? Es fehlt immer jene institutionalisierte Sicherheit der Ehe, und das macht die Suche nach dem ›Richtigen‹ erst recht zu einer irgendwie hektischen Angelegenheit. Sag mir nicht, auch Ehen könnten geschieden werden – natürlich, aber in der Mehrzahl der Ehen ist die Scheidung ja wohl doch nicht das immer mögliche, immer einzukalkulierende Ende. Ganz zu schweigen davon, daß Ehen auch durch die Kinder und durch eine Reihe von gesellschaftlichen Rücksichtnahmen und ökonomischen Zweckmäßigkeiten zusammengehalten werden. Kurz – die ganze Basis ist eben eine andere, und dem Moment der Erotik kommt auf die Dauer eine viel geringere Bedeutung zu als in den Beziehungen, von denen wir hier reden.

Freilich, vor diesem Hintergrund entpuppt sich die Idee der einen, großen, wahren Liebe überhaupt, wie ich fürchte, als eine Illusion. Diese eine Liebe, nach der wir uns da sehnen – was wäre das denn, was sollte das denn sein? Wäre sie nur durch die Intensität oder nur durch die Dauer bezeichnet? Die einzige Möglichkeit, eine große Liebe solcher Art ohne Ehe vor aller Relativierung und Schwächung und vor dem üblichen Ende zu bewahren, ist allein der Tod.

Träume, mein Lieber; zu Träumen verurteilt – zu nicht endenden Träumen und zu dem immer fataler werdenden Versuch, ihnen nachzujagen. Und wenn wir nicht lächerlich zu Grunde gehen wollen, werden wir uns eines Tages zum Herrn über unsere Träume aufwerfen müssen, fürchte ich. Ich weiß nicht, ob das gelingen wird. Träume, Träume. Andere Leute heiraten und ihre Träume verwandeln sich in Kinder und tausend Alltagsnotwendigkeiten; unsereiner kocht sein Leben lang an unerfüllbaren Träumen herum und weiß sich nicht zu lassen. Und wer will, mag aus diesem Tatbestand eine Art Stolz herausdestillieren.«

Inmitten der Wallanlagen ist ein aus Trümmern aufgeschütteter Hügel, dessen eine Hangseite bis hinunter zum Bahndamm dicht mit Sträuchern und schlanken Bäumen bewachsen ist. Dort entlang geht dicht unter der Hügelkuppe hin ein Weg.

Wenn man von unten kommt, liegt hinter einem der grünliche Abendhimmel. Wenn man sich umdreht dorthin, sieht man noch einen leichten blaßroten Streifen – dort ist die Sonne untergegangen. Und man sieht einen Teil der Stadt – nicht lange mehr, und die Laternen und Lichtreklamen werden ihre volle Kraft entfalten. Es wird bald zehn Uhr sein, es ist noch warm; viele Ehepaare, viele Liebespaare machen jetzt in den Wallanlagen ihren Abendspaziergang. Aber nicht lange mehr, und sie werden die Hügelwege den Männern überlassen, die dort langsam spazierengehen. Hin und her – von dem unteren Weg hinauf zum oberen Weg, den oberen Weg hinab zu dem Spielplatz auf der andern Seite, von dem Spielplatz auf der anderen Seite den oberen Weg hinauf, von dem oberen Weg hinunter zum unteren Weg, hin und her. Die wenigen Liebespaare, die dann noch hier oben entlanggehen, erschrecken, wenn plötzlich kurz vor ihnen ein paar Leute auf den schmalen Wegen des Gesträuchs verschwinden, oder wenn sie mitten in den stillen Anlagen auf eine Gruppe halblaut redender junger Leute treffen, aus der dann und wann ein affektierter Schrei aufklingt. »Gelichter«, murmelt der Junge und geht etwas grader und festeren Schritts, und das Mädchen rückt dichter an ihn heran. »Da oben treibt sich ein schönes Gesindel herum«, erzählen sie später, »da kann sich allein ja niemand hinwagen«; und manche sagen es der Polizei, und die Polizei fährt in den Sommernächten manchmal dort oben entlang.

Aber die Angst vor der Polizei hindert kaum jemanden. Immer neue Männer kommen von beiden Seiten den Hügel herauf, andere gehen fort, allein, zu zweit, sie gehen hinunter in das Gesträuch, tauchen wieder daraus hervor, gehen fort, allein, zu zweit, gehen gemeinsam hinunter auf die Straße, einem Bett zu, andere stehen auf dem Weg wie angewurzelt, allein, zu dritt, rauchen, warten, gehen plötzlich ganz schnell oder betont langsam hinter jemandem her, der eben an ihnen vorüberkam, dann sieht man sie wieder stehen und warten, den Blick nach rechts, den Blick nach links, Hosen, Hosen, Hosen, hin und her, hin und her – die ersten sind schon da, wenn der Himmel im Westen noch ganz rot ist, und die letzten gehen da hin und her, stehen, warten, allein, zu mehreren, wenn das untere Drittel des Himmels im Osten schon von der Blässe des neuen Tages überzogen ist.

Alte Männer schlurfen auf und ab, mit hängender Unterlippe starren sie jeden an, manche haben die Hand vorn im Hosenlatz und treten jedesmal wie zum Urinieren an den Wegrand, wenn jemand näherkommt. Jungen von sechzehn, achtzehn Jahren tänzeln in engen Blue Jeans auf und ab und nehmen drei Viertel der hin und her wandernden Männer gar nicht wahr. Manche bilden Grüppchen und Gruppen und beurteilen gemeinsam jedes männliche Wesen, das an ihnen vorbei den Weg hinauf- oder hinabgeht. Dreißigjährige in kurzen Hosen, Fünfzigjährige in hautengen hellen Baumwollhosen, Zwanzigjährige in Hemden, die vom Gürtel an weit offenstehen und die Brust sehen lassen, Vierzigjährige im Straßenanzug, einen Hut auf dem Kopf, die Aktentasche in der Hand, vornehme Sechzigjährige, die stumm flehend auf und ab gehen in gelben Popeline-Jacken, verkommene

Rentner, verträumte Studenten, Strichjungen von achtzehn und achtundzwanzig, hin und her, hin und her, Hosen, Hosen, Hosen, hin und her, warten, stehen, Blick nach rechts, Blick nach links.

Der mit dem blauen Hemd und der Brille ist schon fast eineinhalb Stunden hier; zweimal ist er Leuten nachgegangen, beide haben nicht reagiert. Jetzt kommt wieder jemand den Hügel herauf, ein blonder Tituskopf, der mit der Brille sieht ihm fest ins Gesicht. Der Tituskopf geht vorbei, dreht sich nach dem mit der Brille um, geht ein paar Schritte. Der andere geht langsam an ihm vorbei, sie sehen sich an, lächeln. Der mit der Brille bleibt stehen, der andere geht auf ihn zu: »Haben Sie mal Feuer bitte?« Sie rauchen. »Wohin könnte man mal gehen?« »Hier rein?« »So früh? Ist gefährlich.« Dem Tituskopf gefällt die Stimme des anderen nicht, und wie sie ein paar Schritte tun, kann er auch das Gesicht des anderen besser erkennen. Er will nicht. »Hier draußen ist es mir zu gefährlich«, sagt er, »und zu mir können wir nicht gehen.« Das ist nicht wahr. »Wir könnten zu mir gehen«, sagt der mit der Brille. »Nee, das wird mir zu spät«, sagt der Tituskopf, »vielleicht ein andermal. Tschüs.« Und die ganze nächste Stunde begegnen sie sich alle zehn Minuten.

Der ältere Herr in hellen Baumwollhosen kommt mit einem kleinen dicken Proleten von Anfang Dreißig aus den Sträuchern hervor. Drei Mann marschieren im Gänsemarsch hinter einem Jungen im offenen Hemd her, und von außen kann niemand sehen, wer da eigentlich wen verfolgt. Am Wegrand steht ein Mann von Ende Dreißig und onaniert, sein gefettetes Haar riecht meterweit. Zehn Schritte weiter stehen sich zwei gegenüber; der eine wendet sich um, als ob er urinieren wolle, der andere stellt sich neben ihn, begutachtet sein Geschlechtsteil. Die beiden sind Mitte der Zwanzig; sie langen nacheinander; sie lachen ein wenig verkrampft, dann endlich reden sie, und gemeinsam gehen sie aus den Anlagen fort.

Auf einem kleinen Seitenweg im Gesträuch stehen fünf Männer jeden Alters und starren auf den Hauptweg. Einer knöpft seine Hose auf, drei tun 's ihm nach. Ein anderer sieht den ersten scharf an und bewegt sich tiefer in die Sträucher hinein – als der andere sich nicht vom Fleck rührt, kehrt er zurück. Stumm stehen sie da, fünf Leute, jeder registriert jede Bewegung jedes anderen, und zugleich starren sie auf den Hauptweg. Plötzlich hört man in einiger Entfernung eine Frauenstimme, und drei andere Männer treten in die Sträucher, stehen mit den Fünfen auf dem Nebenweg. Ein Liebespaar geht vorbei, wenige Meter vor den acht Augenpaaren. Ein Mann mit einem verdrückten Nylon-Hut öffnet seine Hose und beginnt mit leichtem Schnalzen zu onanieren. Die Gruppe löst sich auf, endlich bleibt nur noch ein alter Mann mit einem langen Wettermantel neben jenem; er schlägt den Mantel auseinander, da steht sein Geschlechtsteil in der weit offenen Hose; dann gehen die beiden Männer im Gesträuch den Hügel ein Stück hinunter.

Für eine Weile wird 's etwas leerer auf dem Hügel. Ein junger Mann mit leichtem hellblauem Pullover geht hinter einem großen kräftigen Blonden her, um dessen starke Schultern lose eine Wildlederjacke hängt. Dann und wann spricht der mit einem dunkelhaarigen Ausländer, sie sind zusammen von der Straße gekommen. Dann ist der Ausländer plötzlich fort. Von neuem versucht der mit dem Pullover, die Aufmerksamkeit des Blonden auf sich zu lenken – vergeblich. Dann sieht er den Blonden mit jemandem sprechen und geht den Weg hinunter; als er wieder zurückkommt, sind beide verschwunden. Er tritt ins Gesträuch auf den

Nebenweg; wie Schatten sieht er eine kleine Gruppe, die sich bewegt. Der mit dem Pullover geht langsam dorthin – der Blonde und der andere sind aneinander beschäftigt, ein dritter faßt den Blonden von hinten an, ein vierter mit einem Tituskopf steht einen halben Meter daneben. Der mit dem Pullover tritt hinzu, und kreuz und quer hantieren sie aneinander herum. Einer stöhnt auf, stellt sich zur Seite und geht. Der mit dem Pullover kommt an den Blonden, der sich mit einem anderen küßt, drängt die Hand eines dritten aus dessen Schoß, der Blonde wirft ihm einen Blick zu, irgendeine Hand fährt unter seinem Pullover hin und her. Der Blonde kniet hin und sein Mund nähert sich dem Leib dessen mit dem Pullover; endlich seufzt dieser, stöhnt, der Blonde steht auf, spuckt aus, beginnt von neuem den anderen zu küssen, indes ein Dritter an ihm hantiert. Der mit dem blauen Pullover ordnet seine Kleidung und geht, hinaus aus den Sträuchern, heimwärts, den Hügel hinunter. Andere kommen ihm entgegen – nun werden sie dort oben hin und her gehen, hin und her, hin und her, stehen, warten, wie alle, die sich nicht kennen und nicht kennen werden, und selbst die, die heute gemeinsam in die Sträucher kriechen, werden morgen auf diesem selben Weg aneinander vorbeigehen, als hätten sie sich nie gesehen, hin und her, hin und her.

GÜNTER STEINS GROSSVATER hatte die letzten Monate seines Lebens in der Familie seines Sohnes gelebt. Der Tod des alten Mannes vor drei Wochen hatte sie alle tief getroffen. Nun aber mußte die Wohnung in D. aufgelöst werden – die Wohnung, in der der Großvater vierzig Jahre gewohnt hatte, in der sein Sohn aufgewachsen war und in der Günter einst viele Ferienwochen zugebracht hatte. Günters Eltern waren schon zweimal nach D. gefahren und hatten das Wichtigste geregelt; nun sollte eine Reihe von Möbelstücken von einem Spediteur hierher gebracht werden, und die Aufgabe, deren Abtransport zu überwachen, fiel Günter zu.

Er ließ sich vom Büro für den Montag freigeben und fuhr am Sonntagmittag nach D. Manchmal während der Zugfahrt griff er in die Tasche und tastete nach den altmodischen großen Schlüsseln der Wohnung, die er heute zum letztenmal betreten würde. In D. suchte er sich zunächst ein Hotelzimmer; denn wenn in der Wohnung des Großvaters auch noch ein Bett und eine Couch standen, so war doch das Bettzeug schon nicht mehr da. Zudem fürchtete Günter sich ein wenig davor, in dieser Wohnung zu schlafen, die gar keine Wohnung mehr war, sondern ein verlassenes Gehäuse.

Das trübe Licht des Spätnachmittags hing in den drei Zimmern, als Günter hereinkam. Der uralte vertraute Geruch schlug ihm entgegen, in dem Erinnerungen schwammen, Erinnerungen – Erinnerungen an seine Besuche hier, Erinnerungen an die Erzählungen seines Vaters, Erinnerungen; die vor Jahren verstorbene Großmutter am Herd, Großvater im Sessel, Großvater, der mit ihm Schach spielte, Großmutter, die von ihrer Jugend und ihren Eltern erzählte, Großmutter, die lächelnd zu ihm sagte: »Du kannst diese alten Geschichten ruhig im Kopf behalten, schließlich bist du unser Stammhalter«, Großvater, der dazu nickte, Großvater mit der Pfeife, Großvater vor dem Schrank, der schon der Gläserschrank seiner Mutter gewesen war, Erinnerungen, Erinnerungen, enthalten in dem Geruch dieser Zimmer.

Die Wohnung sah wüst aus. Einige Möbelstücke waren schon verschenkt worden; die Bilder waren von den Wänden und hatten große helle Flecken zurückgelassen, aus dem einen Bett, das da noch stand, waren die Kissen und Matratzen herausgenommen, auf der Blumenbank stand noch eine vertrocknete Pflanze, daneben hatten seine Eltern Geschirr aufgestapelt, das sie nicht mehr in den Wagen hineinbekommen hatten und das jetzt von der Spedition mitgenommen werden sollte. Vom Tisch war die Decke, von der Kommode die vertraute Schale, in der immer Obst gewesen war, und selbst ein Teppich war schon aufgerollt – auch dieser sollte jetzt mit. Günter sah sich um – dies war nicht die Wohnung, die er kannte und nach der er sich manchmal gesehnt hatte. Und doch war sie es – der Geruch sagte es ihm, die komische Keramikfigur auf dem Schreibtisch sagte es ihm. Und da lag die krumme Pfeife, die der Großvater früher immer zum Nachmittagskaffee geraucht hatte.

Günter zog die Jacke aus, und mit Hilfe der Liste, die seine Eltern ihm mitgegeben hatten, begann er die Dinge zusammenzuräumen, die morgen in den Möbelwagen sollten. Nächste Woche wollten seine Eltern noch einmal kommen und den Rest besorgen. Günter schob den kleinen Küchenschrank neben die Mahagonikommode, stellte den Spiegel dazwischen, rückte die Stühle ineinander, lehnte

das Regal dagegen, stapelte Geschirr auf die Blumenbank, riß die Türen des alten Gläserschrankes weit auf und
zog eine dicke Kordel um die Schiebladen des Nähtisch-
chens.

Es war fast dunkel, als er fertig war. Den Inhalt des
Schreibtisches und der Kommode mit dem Aufsatz – Papiere,
Briefe, Akten, einige Bücher – wollten seine Eltern nächste
Woche mitnehmen; die Couch sollte samt der Decke noch
verschenkt werden, das leere Bett desgleichen – sein Gegen-
stück war schon fort –, für die beiden großen Schränke waren
auch schon Liebhaber gefunden; die komische Keramikfigur
vielleicht konnte noch mit nach Hause. Allerdings hatte die
stumpfsinnig dreinschauende schwarze Jungfrau einen kräftigen Sprung – und wer wollte sie überhaupt haben? Günter
warf sie in eine Zimmerecke, in der seine Eltern schon einen
Kehrichthaufen angelegt hatten.

Er begann, in den alten Büchern und Papieren zu blättern.
Eine große Zigarrenkiste war voll von Photographien und
Postkarten. Da waren lustige Ansichtspostkarten, die 1901
und 1902 ein Großonkel von feuchtfröhlichen Ausflügen
geschickt hatte, unterschrieben von all seinen Kumpanen,
alberne Bemerkungen dazwischen. Das war der Onkel, der
sich 1904 wegen einer Liebesaffäre erschossen hatte. Dann
kam eine Feldpostkarte, Frankreich 1915 – das war ein Bruder
der Großmutter gewesen, 1916 war er gefallen. Ein Lieder-
buch mit gefühlvollen Stichen kam zum Vorschein, Halle
1868, und auf die erste Seite war mit gestochener Schrift
geschrieben: »Seiner Amalie zur ewigen Erinnerung an den
Lenz unserer Liebe – Otto Julius Werder«. Das war also ein
Geschenk des Urgroßvaters an seine spätere Frau gewesen.
In einem alten Kochbuch steckten handgeschriebene
Rezepte mehrerer Generationen – üppige Kuchen, Rüben-

marmelade, gefülltes Huhn, Meerrettichsoße, Fischbällchen. Eine Photographie: die Großeltern, jung, im Arm der Großmutter ein Wickelkind – Günters Vater. Ein Bild von Großvaters Vater vor der Attrappe einer italienischen Landschaft. Streng sah er aus – das war der Mann, von dem Großvater behauptet hatte, Günter sehe ihm ähnlich. Dann kamen reihenweise Notizkalender des Großvaters, neuere, ältere – da waren Beobachtungen über das Wetter eingetragen, Geburtstage, Lebensmittelpreise aus der ersten Nachkriegszeit, in einem gar der Tag von Günters Geburt, mit fünf Ausrufezeichen; der Hochzeitstag der Großeltern, der Hochzeitstag der Eltern, Jahr für Jahr; Ferienreisen, Kuren, Weihnachtseinkäufe, Theatertermine.

Günter tat alles wieder an seinen Platz – noch einmal, für acht oder vierzehn Tage, bis seine Eltern all dies forträumen würden. Dann stellte er sich an das Fenster, an dem er so oft gestanden hatte, und sah auf die dunkle Straße hinaus. Still war es draußen, der Abend verlor sich in die Nacht, und in Günter ging das Leben seiner Familie um.

Endlich entschloß er sich, in ein Restaurant zu gehen und zu essen. Er blieb lange dort und las eine Zeitung nach der anderen; denn was sollte er unternehmen? D. war eine kleine Industriestadt und hatte nicht viel zu bieten; in die Wohnung wollte er nicht, ins Hotel wollte er nicht, ins Kino zu gehen hatte er keine Lust.

Es war halb elf, als er das Restaurant verließ. Er bummelte durch die Stadt, die die Stadt seiner Großeltern gewesen war. Diese Rathausfassade hatte ihm sein Großvater vor langen Jahren einmal erklärt; von dieser Kirche hatte die Großmutter behauptet, sie habe in ihrer Jugend noch gar nicht gestanden, denn da sei hier die Stadt schon zu Ende gewesen, und das Grün der Felder sei bis hierher gegangen; in diesem Gasthof hatte der Großvater jahrzehntelang seinen Abendschoppen getrunken, dies war das Spielzeuggeschäft, in dem die Großmutter immer gekauft hatte, und das da war ihr Friseur, das ihre Konditorei, das da Vaters Schule und das Großvaters Tabakgeschäft.

Aus einer Kneipe sah Günter drei junge Leute herauskommen. Er ging hinein, es war eine Kneipe wie tausend andere auch. Er trank ein Bier und ging wieder fort. In einer schmalen Straße hing ein Laternchen in Violett und Grün über dem Eingang zu einem Lokal; Günter schlenderte hin, und als er die Tür aufmachte, schlug ihm lautes Gegröle und Gekichere entgegen. Günter tat, als suche er jemanden; natürlich fand er ihn nicht. Er bummelte weiter, blieb länger vor dem Fenster einer Espresso-Bar stehen, hinter dem zwei langhaarige junge Männer in Blue Jeans saßen, und ging langsam weiter, als sich zwei junge Mädchen zu den beiden setzten. Er kam wieder an die Kneipe, aus der er vorhin die drei Jungen hatte treten sehen, und noch einmal ging er hinein und bestellte wieder ein Bier. Am anderen Ende der Theke stand jemand, der groß zu ihm hersah; Günter hielt ihn für einen jungen Schauspieler und blickte einige Male zu ihm hinüber. Aber nun drehte der andere jedesmal das Gesicht weg, und kurz darauf verließ er die Kneipe. Günter trank sein Bier aus, und trat auf die Straße, und wanderte wieder hin und her. Einmal kam er an seinem Hotel vorbei, aber er mochte noch nicht hinaufgehen. Er sah den Eingang eines unterirdischen Pissoirs; es war geschlossen. Schließlich ging er in ein Lokal, dessen Name »Kakadu-Bar« ihm irgend etwas zu versprechen schien – es war ein dunkler kleiner Raum, und Günter war der einzige Gast. Um das Mädchen hinter der Theke nicht zu enttäuschen, blieb er und trank eine Flasche Bier. Hinter ihm stellte jemand die Stühle auf die drei oder vier kleinen Tischchen; in D. war um Mitternacht Polizeistunde.

Günter sagte sich, daß es nun spät genug sei und Zeit, das Hotel aufzusuchen. Er wollte einen kurzen Umweg am Bahnhof vorbei machen und dann zu Bett.

Direkt an Bahnhof in D. ist eine große Kneipe – das einzige Lokal, das nach Mitternacht noch geöffnet hat. Günter ging hinein. Drinnen war es voll von Leuten aller Art – jeder in der Stadt, der jetzt noch Durst oder Hunger hatte, schien in dieser Scheune mit ihrer um zwei Ecken reichenden langen Theke zu sein: alte Frauen, abgearbeitete Männer, ein paar Huren, betrunkene Rentner, halbstarke Herumtreiber. Günter stellte sich an die Theke und trank ein Coca Cola. Hinter der Theke hing neben dem fleckigen Kalender ein großer Spiegel. Günter sah hinein und entdeckte einen hübschen jungen Mann mit dunklen Haaren, der seinerseits durch den Spiegel Günter anblickte. Günter trat einen Schritt zurück – der andere stand sechs Plätze weiter an der Theke und sah nun ebenfalls hinter den Rücken der anderen zu Günter herüber. Doch die Aufregung, die in Günter hochstieg, löste sich bald wieder auf – der andere zahlte und ging. Günter zuckte die Achseln und trank langsam sein kaltes und etwas zu süßes Coca Cola aus. Dann machte er sich auf in sein Hotel.

Als er auf die Straße trat, stand drei Schritte neben dem Eingang der junge Mann und lächelte ihn an. Günter lächelte zurück und ging hinüber zu einem Schaufenster; er drehte sich um und langsam kam der andere nach.

Sie redeten ein wenig hin und her. Günter überlegte, was für ein Bursche dieser hübsche junge Kerl wohl sein mochte, der vielleicht fünf, sechs Jahre jünger war als er selbst. Wie ein Strichjunge sah er eigentlich nicht aus, wie ein Verbrecher auch nicht. Sie gingen ein Stück die Straße hinunter, und Günter fühlte die großen altmodischen Schlüssel der Wohnung in seiner Tasche.

»Wir könnten in die Wohnung meiner Tante gehen«, sagte er endlich. »Sie ist nicht da, und ich soll ihren Umzug vorbereiten.« Der andere strahlte ihn an, und sie machten sich auf den Weg. Irgendwann merkte Günter, daß sie sich verliefen, er hatte Angst, daß der andere ihn stehen lassen würde; dann gingen sie einen dunklen Weg zwischen Schrebergärten hinunter, und plötzlich nahm der Junge Günters Hand, blieb stehen und schlang seine Arme um Günter. Der bemühte sich, seinen Schrecken zu verbergen: der Weg war dunkel, der Bursche kräftig, Häuser weit weg – wer konnte wissen was es gab? Aber es gab nichts als einen langen Kuß, Leiber, die sich aneinander rieben, Hände, die tasteten. Nun erst wurde Günter richtig froh; bald stellte sich auch heraus, daß sie ganz in die Nähe der Wohnung gelangt waren, und vergnügt und leise wie zwei heimlich spielende Kinder stiegen sie endlich Hand in Hand die alte knarrende Treppe hoch.

Als Günter die Tür aufmachte, war wieder der Geruch da, Geruch der Erinnerungen. Günter verhängte die kleine Stehlampe neben der Couch, auf der sein Großvater die letzten Jahre geschlafen hatte, und sie fielen auf diese Couch und wälzten sich auf ihr in immer weniger Kleidern und endlich nackt und freuten sich lachend an ihrem Fleisch.

Günter wußte, wo sie waren. Und er dachte an seinen Großvater, der sein Leben hier zugebracht hatte und nun drei Wochen tot war. Und er dachte daran, daß dies das letztemal war, daß jemand von seiner Familie in dieser Wohnung schlief. Und er wußte, was er tat, wußte es mit dem Bewußtsein eines düsteren Triumphes: er stellte seinen Vorfahren, seiner Familie, allen, die in diesen Zimmern vielleicht einmal geglaubt hatten, sie seien nicht zuletzt um seinetwillen überhaupt da, ihnen allen stellte er sich gegenüber, sich als den, der er nun einmal war, als einen, der jetzt das Entsetzen derer gewesen wäre, die hier gelebt hatten. Er konfrontierte diese Wände, die soviel Jahrzehnte seiner Familie gesehen hatten und aus denen sie für immer ausgezogen war, mit einem Nachruf, der die Mitteilung enthielt, daß der da auf der Couch der Letzte dieser Familie sein würde. Und in einer Mischung von Trauer und Schmerz und Siegessicherheit genoß er den heißen Leib, der sich an seinen drängte. Und er war froh, daß all dies mit einem Jungen geschah, der ihm gefiel und der ihn mochte.

Nach mehr als zwei Stunden löschte er das Licht über den wüst herumstehenden alten so vertrauten Möbeln, und leise stiegen sie die Treppe wieder hinunter. Auf der Straße gab Günter dem anderen seine Adresse. Lange drückten sie sich die Hand, dann ging er zu seinem Hotel. Im Osten kletterten schon die ersten lichten Schatten des Tages am Himmel hoch. Günter legte sich schlafen – in drei Stunden würden die Möbelleute drüben vor der Wohnung stehen.

Als er sie morgens betrat, hing noch das Tuch über der Lampe. Die nächsten Wochen sehnte er sich manchmal danach, der Junge möchte sich mit einer Postkarte melden oder gar kommen, aber er hörte nichts mehr von ihm.

ZWEI TAGE wollte Roland bleiben. Er hatte seine Reise in F. unterbrochen, denn hier wohnten mehrere alte Studienfreunde von ihm – teils in ihrem Elternhaus, teils allein, einer gar schon verheiratet. Vor allem aber lebte seit einigen Monaten Axel hier, Axel, in den er einmal verliebt gewesen war, der ihm keine Chancen gegeben hatte, mit dem er befreundet geblieben war, so gut das mit einigen Briefen möglich ist.

Sie freuten sich beide, als sie sich wiedersahen. Der Wintertag war trübe, und obwohl es Mittag war, saßen sie in Axels Zimmer wie im Schein der Dämmerung. Die Wände waren behängt mit allerlei Schnickschnack – dazwischen fanden sich Photographien von Männern: ein Filmschauspieler, einige Ballettänzer in großen Posen, ein schwarzer amerikanischer Sprinter, der Apoll von Belvedere, ein französischer Chansonnier, daneben drei Bilder von einem kräftigen jungen Mann, mit dem Axel vier Monate zusammen gelebt hatte und dem er nun seit einem halben Jahr nachtrauerte – umso mehr nachtrauerte als er nie herausbekommen hatte, ob er von dem anderen geliebt worden war oder nicht.

Axel bat seine Wirtin, eine freundliche dicke Frau, sie möchte doch ein paar belegte Brote machen. Nach einiger Zeit brachte sie sie herein, heißen Tee dazu; hernach begannen die beiden, Wermut mit Gin zu trinken.

Abwechselnd berichteten sie einander, wie sie die letzten Jahre zugebracht hatten. »Das mit dem Katholizismus war dann auch irgendwann vorüber«, sagte Axel. »Bei Ihnen?« fragte Roland erstaunt zurück, »Sie waren doch so eifrig dabei!« »Sicher, schon wahr«, antwortete Axel, »und trotzdem – plötzlich war 's aus. Ich weiß noch, ich war nach Zürich geflogen und trat oben aus der Maschine. Der Himmel war bedeckt, aber nicht so niedrig wie heute, ich sah über den Flugplatz hin und ging langsam die Gangway hinunter, auf die große leere Fläche Graus zu – und plötzlich wußt ich: vorbei. Aus. Das, was mein Glaube gewesen war, vielleicht wirklicher Glaube war, das war plötzlich weg, verloren, dahin, wie ein überflüssiges Gepäckstück, nach dem man nicht sucht, wenn 's verschwindet.« »Sagen Sie ehrlich, Axel: Glauben Sie nicht, daß Ihnen der Glaube abhanden gekommen ist, weil er Ihrer übrigen Existenz soviel Schwierigkeiten in den Weg legte?« »Nein. Ich hab Ihnen ja mal erzählt, wie ich konvertierte. Ich lebte in der Familie meines katholischen Onkels, und er hielt es, natürlich, für geboten, mich seiner Kirche zuzuführen. Ich sträubte mich nicht. Meine eigentliche Begeisterung kam allerdings erst später, und vielleicht hatte auch daran mein Onkel Schuld. So vier oder sechs Wochen vor der Taufe kam er – er war damals Anfang Sechzig – abends in mein Zimmer, saß da, druckste herum. Bis sich schließlich herausstellte, daß er mit mir ins Bett wollte. Ich sage Ihnen: Manche Leute werden komisch, wenn sie alt werden. Ich hatte damals schon eine ganz hübsche Vergangenheit hinter mir, aber mit dem alten Onkel – nein danke! Ich ließ ihn abblitzen, und er zottelte runter zu seiner Familie. Ich weiß, daß er sich später manchmal Strichjungen in ein Hotel mitnahm. Gut – jedenfalls denk ich, daß diese Affäre meinen Glauben eher bestärkte: Was ich bisher mehr ihm zu Gefallen getan hatte, das machte ich nun zu meiner eigenen Sache. Vielleicht wollt ich ihn beschämen. Na, und so die ersten zwei, drei Jahre, vielleicht auch vier – –. Später schleppte sich 's so dahin, bis zu jener Stunde auf dem Flugplatz in Zürich.« Roland schüttelte den Kopf. »Hm«, machte er, »von so Sachen verstehe ich nichts. Vielleicht ist die ganz richtige Substanz nie dagewesen, denn ich denk mir: So einfach verlieren, wie ein Gepäckstück wie Sie sagen – –« Axel hob geringschätzig die Schultern. »Es kratzt mich nicht mehr«, sagte er. »Erzählen Sie mir lieber, was aus dem blonden Johnny geworden ist, mit dem Sie sich damals so geprügelt haben, bloß weil Sie immer noch hofften, einen Schwulen in ihm zu finden!«

»Ich weiß es nicht«, sagte Roland, indes Axel die Gläser wieder füllte. »Wir gingen ja damals zum nächsten Semester – meinem dritten, seinem dritten – gemeinsam nach Marburg. Wir hatten ein ganz nettes Zimmer, weit draußen. Er schrieb abends mit Vorliebe an seine schwarzhaarige Freundin, die übrigens ein ganz munteres Mädchen war, ich starrte ihn an – übrigens mehr geil als verliebt, glaube ich. Nach ein paar Wochen schrieb ihm das Mädchen irgendwas, was ihn schrecklich sauer machte, und ich hatte den Eindruck, meine Chancen stiegen. Der Briefwechsel zwischen den beiden hörte auf. Und dann, einmal, weiß ich 's wie 's kam?, wir hatten beide allerlei getrunken – jedenfalls, wir lagen in *einem* Bett, und ich hatte gesiegt. Na – der Morgen danach gehört zu den angenehmsten, die ich in meiner Sammlung von ›Morgenden danach‹ aufzuweisen habe. Bloß: der Katzenjammer! Was für mich erst Ziel gewesen war, mir an dem Morgen vielleicht ein Anfang schien, das war für ihn ein Ausrutscher, der ihn weiter nicht beeindruckte. Seine eigentliche Sorge war weiter das Mädchen, er fuhr lange vor Semesterende weg, reiste ihr nach, irgendwohin, später ging er dann für ein paar Monate in ein Kloster, vorher sah ich ihn nochmal, wir hatten einen Höllenkrach, und jetzt habe ich schon jahrelang nichts mehr von ihm gehört. Damals, als er weggefahren war, da holt ich mir ein paar Tage später mal 'ne kleine Hure auf die Bude, sowas gibt 's sogar in Marburg – es ging ganz gut, es machte bloß keinen Spaß. Ich sagte zu ihr: ›Du bist meine erste – kann ich 's nicht ganz schön?‹, natürlich lachte sie mich aus. Sie war auch meine letzte, und das ist lange her. Kurz – soweit das Kapitel Johnny.«

»Schade«, sagte Axel, »er war so nett mit seinen blonden Haaren und den aufgeworfenen Lippen. Was übrigens Frauen angeht, so reicht 's mir seit der Geschichte mit Ellen voriges Jahr für immer, scheint mir. Natürlich, sie war oder ist sehr nett. Sitzt da im Elsaß, sieht gut aus, hat Geld –« »Und fünfzehn Jahre älter als Sie ist sie auch!« unterbrach ihn Roland. »Natürlich, ja, aber das störte mich nicht, merkwürdigerweise. Und sie tat alles für mich, und sie kannte viele nette Leute, es war 'ne schöne Zeit.« »Wußte sie eigentlich –?« »Na, sie hat sich 's wohl gedacht. Ich glaub mittlerweile, sie hat mich bloß deswegen geliebt, weil sie ihrerseits lesbisch war, und bloß deswegen ist es 'ne Zeitlang gutgegangen, weil ich eben nicht so wahnsinnig männlich war.« »Ist sie denn lesbisch?« »Ich vermute das. Aber was das Schlimmste war – zwei Monate nachdem die Geschichte sich aufgelöst hatte, ohne Krach übrigens, schreibt sie mir aus Norwegen: sie hätte ein Kind erwartet, das nur von mir sein könnte, und sie hätte sich 's da wegmachen lassen, wie in zwei früheren Fällen auch schon mal. Stellen Sie sich das vor, Roland: ich einen Sohn! Mensch, was hätt ich dafür gegeben! Und sie schreibt das so wie das Selbstverständlichste von der Welt, fast beiläufig!« Er schenkte noch einmal ein.

Sie sprachen über Skandinavien, wo Axel einmal längere Zeit gewesen war. »Ja, Stockholm! Da kann man doch wenigstens mit 'nem Mann mal Arm in Arm durch die Stadt gehen, ohne daß sich alle Welt umdreht! Hab ich Ihnen mal von dem Schriftsteller geschrieben, der mich regelrecht heiraten wollte, wie das so Stockholmer Sitte ist?« »Ja, ja«, sagte Roland, »ich erinnere mich ganz gut. Und finde an derlei Sitten keinen rechten Geschmack. Überhaupt – all dies Übertriebene. Oder gar diese Art und Weise von so vielen, wenn sie mal älter werden. Ich für mein Teil hab keine Lust, das kann ich Ihnen versichern, ich hab keine Lust, später so 'n närrischen Eindruck zu machen.« »Keine Angst«, sagte Axel, »keine Angst, mein Lieber: Sie werden eine schrullige alte Tante wie wir alle.«

Sie schwiegen. Draußen kam schon der frühe Abend, die Dämmerung wurde dichter. Aus dem Lautsprecher des Plattenspielers seufzte und stöhnte Eartha Kitt. Roland dachte daran, daß er bald wegwollte – für fünf Uhr war er bei der Familie eines anderen Studienfreundes eingeladen. Axel stand auf, strich ihm über das Haar, sah aus den Fenster, ging zweimal durch das Zimmer. Eine Sekunde lang überlegte Roland, ob Axel etwa – – und ob er selbst dann – – aber er war seiner Sache sicher: Er wollte nicht. Nichts mehr zog ihn zu diesem Körper hin, nach dem er einst so glühend verlangt hatte; zugleich schien ihm, ihre gegenwärtige Freundschaft müßte zerbrechen, wenn plötzlich das Sexuelle darin irgend- eine Rolle spielen sollte. Nein, diese Seite der Geschichte war längst abgetan.

Axel blieb vor ihm stehen. »Entschuldigen Sie«, sagte er, »aber ich muß mich mal 'n Moment hinlegen«, und er klappte das Wandbett herunter. Er breitete eine bunte Woll- decke über das weiße Bettzeug und streckte sich aus. Roland blieb in seinem Sessel sitzen, und so redeten sie eine Weile. »Sie könnten mir noch ein Glas Wermut mit wenig Gin hergeben«, sagte Axel. Roland brachte es ihm und blieb vor dem Bett stehen – gespannt, was Axel weiter unternehmen würde, gekitzelt von Neugierde und doch seiner selbst ganz sicher. »Setzen Sie sich her!« bat Axel, und Roland setzte sich auf die Bettkante. Axel nahm seine linke Hand und spielte mit zwei Fingern. »Ich muß bald fort«, sagte Roland, »es ist schon nach halb fünf.« Axel sah ihn an, streichelte seine Hand und sagte schließlich langsam und zärtlich: »Warum sind Sie so grausam, Roland?« »Wieso bin ich grausam?« fragte Roland zurück. »Ach, Sie wissen 's ganz gut, verstellen Sie sich doch nicht so!« sagte Axel, und seine Hand fuhr über Rolands Puls in dessen Ärmel. »Doch, Sie sind grausam«, hub er von neuem an, »aber warum? Ich habe mich einmal gegen Sie gesperrt. Sie sind nur gerecht. Ich werde bestraft, weil ich einmal meine Chance nicht erkannt oder nicht ergriffen habe.« Er ließ Rolands Hand los, ließ seine Arme neben sich auf die bunte Decke fallen. Roland lächelte. Immer noch kitzelte ihn Abenteuerlust, und auch eine Spur von Mitleid war in diesem Kitzel. Er nahm seinerseits Axels Hand und sagte so leichthin wie möglich: »Na, nur keine Übertreibungen.« Aber dann merkte er, wie allem zum Trotz, was er noch eben gedacht hatte, die sexuelle Erregung durch seinen Körper brannte, und schon war es gleichgültig, wer ihn da auf sein Bett herunterzog, seinen Kopf umklammerte, einen Kuß nahm.

Axel stand auf und riß sich die Kleider vom Leibe; seine nackte Silhouette schimmerte vor dem fast dunklen Fenster. Auch Roland entledigte sich seiner Kleider, und doch wußte er, wie er die Silhouette da vor sich sah, daß dies die Stunde der Sinnlosigkeit war. Außerdem wollte er ja fort! Ohne Leidenschaft lag er mit Axel zu Bett; der merkte das wohl, stammelte unsinniges Zeug darüber, schluchzte auf wie in verzweifelter Seligkeit – und gleich, nachdem eine Uhr laut

Fünf geschlagen hatte, ließ Roland sich gehen. Er spürte, wie die Enttäuschung durch Axels Körper bebte, dann sagte er »Ich muß fort, weißt du«, und stand auf.

Schweigend zog er sich an. »Ich bring dich zur Straßenbahn«, sagte Axel. Auf der Straße war Nacht – aus den Schaufenstern fiel hellgelbes Licht, Leute kamen von der Arbeit, hasteten heimwärts, die Neonreklamen strahlten, Autos mit abgeblendeten Scheinwerfern fuhren hin und her, hupten, in die vollen Läden rannten Leute, die noch ihre Tageseinkäufe erledigen wollten. Roland erklärte Axel, was für eine Familie das sei, die er jetzt besuchen müsse. Dann fragte er, wann sie sich wohl wiedersehen würden, wann wohl wieder einer in des anderen Stadt kommen würde. »Jedenfalls bin ich froh, dich nach so langer Zeit endlich mal wieder gesehen zu haben«, sagt er. »Ich auch«, sagte Axel, »und ich hoffe, bis zum nächsten Mal dauert es nicht so lange. Falls du überhaupt –« Er brach den Satz ab.

Sie standen in der Wartehalle der Straßenbahn, trüber blaßrötlicher Lampenschein fiel durch die feuchte Luft auf ihre Gesichter. Sie standen nebeneinander, schwiegen. Dann kam die Bahn, und sie mußten sich verabschieden. Roland versuchte, den Ruhigen, Überlegenen zu spielen, obwohl er spürte, daß ein häßlicher Schmerz in ihm zu fressen begann. »Also denn –!« sagte er und gab Axel die Hand. Er sah in Axels Gesicht – in ein gequältes banges Gesicht, das ihn ansah, als erwarte es noch einen letzten Verdammungsspruch oder die Vollstreckung eines schon gefällten Urteils. »Mach 's gut!« sagte Roland. »Du auch!« sagte Axel, und dann stieg Roland in die Bahn.

Einige Wochen später schrieb Roland an Axel in der gleichen Weise, wie er ihm früher geschrieben hatte, redete ihn mit »Sie« an und erwähnte die letzte Stunde seines Besuches nicht mehr. Axel antwortete geradeso, so ging ihre Korrespondenz weiter. Und als sie sich eineinhalb Jahre später wiedersahen, waren sie beide froh zu merken, daß sie sich ihre Freundschaft bewahrt hatten. Reden freilich taten sie nicht darüber.

DIE UHR RÜCKTE auf halb elf; Manfred Lehnig murmelte: »Nun reicht 's«, und begann, seinen Schreibtisch ein wenig aufzuräumen. Die Versicherungsagentur, die er vor sechs Jahren übernommen hatte und seit dreieinhalb Jahren unter seinem eigenen Namen betrieb, war ein ganz einträgliches Geschäft, aber sie machte auch viel Arbeit. Fast jede Woche saß er zweimal bis zehn, elf Uhr in dem Büro, das er im Stadtzentrum gemietet hatte. Bis er dann zu Hause war, war es fast Mitternacht; rund dreißig Minuten brauchte er mit dem Wagen, bis er in Eichhofen war. Das Haus hatten sich seine Eltern erbaut, um dort ihren Lebensabend zu verbringen, doch die alten Leute hatten nur noch kurze Zeit darin gewohnt. So war es vor vier Jahren an ihn gefallen – kurz nach seinem dreiunddreißigsten Geburtstag waren sie eingezogen. Damals waren sie noch zu dritt; inzwischen hatte sich zu Klaus noch die kleine Katrin gesellt. Wenn Manfred so spät nach Hause kam wie heute, ging er immer zuerst ins Kinderzimmer, wo er einen Augenblick im Dunkeln stehen blieb, um die beiden schlafen zu hören; trat er dann ins Schlafzimmer, hatte Jutta meist schon ihr Lämpchen angeknipst und blinzelte ihn verschlafen an.

Manfred klebte einen Brief zu, der dringend auf die Post mußte, schloß seinen Schreibtisch ab und ging. Unten gab er Herrn Schulz in der Portierloge den Büroschlüssel, Herr Schulz rief: »Gute Nacht!« – der Tag war zu Ende. Lehnig ließ den Wagen auf dem Parkplatz stehen und ging eben zu Fuß zum Bahnhof, wo er den Brief einstecken wollte. Auf dem Weg sagte er sich noch einmal, daß er sich am Bahnhof bestimmt nicht aufhalten wollte, daß er sich auch gewiß nicht verleiten lassen würde, dort das Pissoir aufzusuchen.

Zehn Minuten später stand er zwischen den anderen Männern vor der gekachelten Wand. Hinter ihnen war der Wärter damit beschäftigt, den Boden zu wischen – er tat als sehe er die Männer nicht, die Männer taten als existiere der Wärter nicht. Blicke nach rechts, Blicke nach links, Blicke von links, Blicke von rechts. Manfred hatte sich neben einen jungen Burschen in engen Hosen gestellt, dessen Hinterkopf und Halspartie ihm gefallen hatte – jetzt sah er, daß der Bursche ein dummes und verkommenes Gesicht hatte. Links neben Manfred stand ein korpulenter Mittfünfziger, der abwechselnd auf Manfreds Hand und auf den starrte, der links von ihm stand und den er Manfreds Blicken verdeckte. Endlich gab der Korpulente auf und trat von der Wand zurück; jetzt sah Manfred, daß auf dem übernächsten Platz ein schlanker Mann von vielleicht zwanzig oder zweiundzwanzig Jahren stand, ein kräftiger Kerl mit kurzen dunklen Haaren, die sich an den Schläfen etwas lockten. Sie sahen sich an; der Junge, der ebensogut ein Arbeiter wie ein Artist sein konnte, zog etwas blasiert die eine Braue hoch, sah wieder weg. Manfred wartete, versuchte sich den Körper vorzustellen, der in den dunkelblauen Jeans steckte, wurde gieriger, und in einem Moment, als der Raum fast leer war, machte er einen kurzen Schritt nach links, so daß er auf den nächsten Platz direkt neben den Jungen kam. Ihre Oberarme, ihre Ellbogen berührten sich. Der junge Mann blickte wieder her, Manfred drehte seinen Körper mit einer winzigen Bewegung mehr nach links, der Junge sah an ihm herunter, Manfred sah an ihm herunter, der Junge lächelte hochmütig und einverständig zugleich, fragend zog Manfred die Augenbrauen hoch, der Junge nickte, schloß seine Hose, ging.

Auf der Treppe, die hinauf in die Bahnhofshalle führte,

trafen sie sich. »Spät, was?« fragte Manfred. »Früh nicht!« antwortete der Junge. Gemeinsam gingen sie die Treppe hoch und dann hinaus auf den Bahnhofsvorplatz, auf dem ein paar Strichjungen herumstanden. Manfred hätte gern gewußt, ob der Bursche neben ihm wohl auch nur Geld verdienen wollte; »Aufm Strich ist auch noch was los«, sagte er. Der Junge nickte. Nach einer Pause sagte er: »Mitm Strich haste wohl nix im Sinn?« »Nee«, antwortete Manfred, und der andere nickte, »nich mein Fall«. Und nach einer neuen kurzen Pause fragte er: »Wo könnten wir 'n mal hingehn? Zu mir können wir nich.« Der Junge zuckte die Achseln. »Weiß nich«, sagte er. »Draußen mach ich nix mehr. Die Polizei is wie verrückt.« »Na, und es macht auch nich viel Spaß«, sagte Manfred. »Kennst du 'n Hotel?« Der Junge schüttelte den Kopf. »Kannte mal eins, aber da is jetzt ein anderer Besitzer. Außerdem – wenn die einen so anglotzen, hab ich die Nase schon voll.« »Mhm, aber –«, Manfred lächelte, machte eine leichte Handbewegung durch die Luft, »irgendwo müssen wir ja wohl bleiben. Wär doch gelacht, wann wir schon mal – nämlich du gefällst mir eigentlich.« Ein wenig hochmütig wieder, ein wenig affektiert schob der Bursche seine rechte Schulter vor, ließ sie wieder zurückfallen. »Haste 'n Wagen?« fragte er plötzlich. »Nee, leider nich«, sagte Manfred, der nicht alle Vorsicht aufgeben wollte. »Pech«, sagte der andere, »sonst hätten wir zu mir gehen können.« »Ist das weit?« fragte Manfred. »Zu Fuß 'ne Dreiviertelstunde, das ist zuviel«, sagte der andere. »Wo denn?« fragte Manfred. »Kirchtal«, sagte der andere. Kirchtal war eine Vorstadt voller Fabriken und einfacher alter und neuer Mietshäuser. »Wir können ja 'ne Taxe nehmen«, sagte Manfred. »Wie du willst!« antwortete der andere. »Also wollen wir?« fragte Manfred. »Von mir aus!« sagte der Bursche, und er setzte sich langsam in Bewegung.

Die Taxe fuhr durch die dunkle Stadt nach Nordosten. Die beiden Männer saßen hinten nebeneinander. Ihre Knie, ihre Waden berührten sich, und manchmal preßten sie sie stärker gegeneinander, ohne den Blick von der Straße vor ihnen abzuwenden. Manfred suchte die Hand des andern, fand sie, und in dem Dunkel zwischen ihren Körpern spielten sie einen Augenblick lang einer mit des anderen Fingern, bis der Junge auf einmal Manfreds Hand so stark drückte, daß dieser fast aufgeschrien hätte. Manfred lachte mit einem leichten Stöhnen und zog seine Hand zurück. »Wenig los auf der Straße«, sagte er, und der Bursche antwortete: »Kein Wunder – is gleich halb zwölf«.

Auf dem Annaplatz hielten sie. Manfred bezahlte den Fahrer, und ihm fiel ein, daß er leichtsinnig viel Geld in der Tasche hatte. Dann gingen sie eine schmale Straße mit hohen Häusern hinunter. An einem alten Mietshaus blieb der Bursche stehen und zog einen Schlüssel aus der Tasche. »Hier«, sagte er. Leise schloß er auf, machte Licht. Eine schwache Glühbirne hing orangen an der Decke, von den Wänden blätterte die Farbe. Sie gingen quer durch das Haus, der Junge öffnete eine zweite Tür, und sie standen auf dem Hof, der voll war von Gerümpel, Kisten, angebauten Verschlägen und kleinen Schuppen. Dann stiegen sie die Treppen im Hinterhaus hinauf, bis der Junge im vierten Stock eine Wohnungstür aufschloß.

In der Wohnung brannte Licht. »Ich bin 's!« rief der Junge, und eine Frauenstimme fragte zurück: »Allein?« »Nee!« antwortete der Junge und gab Manfred einen leichten Stoß. Sie traten in die Küche. Am Tisch, der voll schmutzigen Geschirrs stand, saß eine Frau von Ende Dreißig oder Mitte Vierzig, langes schmieriges Haar fiel ihr über die Schultern, ihr Schürzenkleid war dreckig und oben weit offen, so daß

Manfred den Ansatz der großen Brüste sehen konnte, die sich unter dem Kleid ohne Halt hin und her bewegten. Seine Mutter? Seine Freundin? Seine Chefin? Der Junge setzte sich ohne ein Wort zu ihr an den Tisch, hielt ihr eine gebrauchte leere Tasse entgegen, und aus einer Blechkanne, die hinter ihr stand, goß sie ihm heißen Kaffee ein. Sie schien Manfred nicht zu sehen, der noch immer in der Tür stand, und auch der Junge schien ihn zu vergessen. Die beiden begannen miteinander zu reden, in einem Dialekt, den Manfred nicht verstand und den er am ehesten für eine Abart des Hessischen hielt. Zuerst sprachen sie mit halblauter Stimme, dann begannen sie sich zu erregen, die Hand der Frau zeigte ein paarmal auf Manfred, der Junge verteidigte sich, und Manfred hatte den Eindruck, er sagte so etwas wie: »Was Besseres hab ich nicht finden können, sei doch froh, daß ich überhaupt jemanden hierhabe.«

Manfred wurde die Situation unheimlich. Was war das für eine Wohnung, was für eine Frau, was für ein Junge, was würde hier gleich geschehen oder nicht geschehen? Der Streit zwischen den beiden schien sich irgendeiner Entscheidung zu nähern. Rasch kehrte Manfred sich um, lief zur Wohnungstür, riß sie auf, sah daß der Junge den Schlüssel draußen hatte stecken lassen, schlug die Tür zu, drehte den Schlüssel um und sprang die Treppen hinunter. Wenn nur das Tor des Vorderhauses nicht abgeschlossen war! Er überquerte den Hof, hörte wie oben irgendwo ein Fenster aufgeschlagen wurde, kam in den dunklen Gang des Vorderhauses, stolperte, unter dem Tor hindurch fiel ein Lichtschein auf die Bodenplatten, der führte ihn, er drückte die Klinke nieder, riß daran, und das Tor öffnete sich. Er stand auf der Straße.

So schnell er gehen konnte, ohne wie einer auszusehen

der flüchtet, lief er die Straße hinunter, bog in die nächste rechte Seitenstraße ein, dort wieder in die nächste links und so fort, bis er sich nach ein paar Minuten in Sicherheit fühlte und zugleich merkte, daß er sich verlaufen hatte. Er irrte hin und her, niemand begegnete ihm. Endlich kam er wieder auf eine breitere Straße und wartete auf ein Taxi – zehn Minuten, fünfzehn Minuten. Es war genau viertel nach eins, als er eines bekam, halb zwei, als er in seinen eigenen Wagen stieg, fast zwei, als er seine Haustür aufschloß.

Er trat in das Kinderzimmer und hörte zu, wie die beiden schliefen. Leise sagte er in das Dunkel: »Wißt ihr, euer Vater –«; dann fuhr er sich mit den Händen übers Gesicht, als wolle er irgendetwas fortwischen, und ging hinüber ins Schlafzimmer. Jutta hatte das Lämpchen angeknipst und blinzelte ihm entgegen. »Ist spät heute!« murmelte sie. Manfred beugte sich über sie und küßte sie auf den Mund, ihr Atem roch nach Schlaf. »Um elf hab ich noch bei dir angerufen«, sagte sie, »da hast du dich nicht gemeldet.« »Nein«, sagte er, »ich war zwischendurch bei der Bahnhofspost, um 'nen Moment Luft zu schnappen, und der Brief an Kühne mußte noch weg.« »Ich habe mir schon Sorgen gemacht«, sagte sie und sah blinzelnd zu wie er sich auszog. »Das sollst du nicht«, sagte er, »du weißt doch –«, und statt den Satz zu beenden, warf er ihr einen liebevollen beruhigenden Blick zu. Sie lächelte, und er sah, wie sie mit diesem Lächeln wieder einschlief. Dann legte er sich neben sie.

Es waren gut vier Monate vergangen, seit Eberhard auf der Fürstenstraße Hermann, dem jungen Goldschmied, zuerst begegnet war und sie heimgegangen waren in Eberhards Zimmer. Und es war dreieinhalb Monate her, seit Eberhard ihn zuletzt gesehen hatte: an einem Abend, als Eberhard ein paar Kollegen zu sich eingeladen hatte, war ausgerechnet Hermann der gewesen, der zuerst klingelte. Sie hatten ein paar Minuten geredet, sich geküßt, Hermann hatte gefragt: »Magst du mich ein bißchen?« und Eberhard hatte ihn wieder geküßt, dann hatten sie rasch noch ausgemacht, daß Hermann am Abend darauf kommen sollte, und dann war er wieder gegangen – im gleichen Augenblick, als die beiden ersten Gäste eintrafen. Am Abend darauf hatte Eberhard gewartet, Stunde um Stunde, aber Hermann war nicht gekommen. Dorthin zu gehen und zu klingeln, hatte Eberhard nicht gewagt – immer war es ja möglich, daß jener Walter Aiblinger ihm die Tür öffnete, der einen Schlüssel zu Hermanns Wohnung besaß.

Das war fast fünfzehn Wochen her. Oft ging Eberhard an jenem Haus vorbei und hoffte, Hermann vielleicht ganz zufällig zu treffen, oft saß er abends zu Hause und wartete, und selbst wenn er manchmal im Monokel oder in der Bambus-Bar war, wurde ihm die Zeit dort dadurch verleidet, daß der eine, den er sehen wollte, nicht erschien – der eine, dem gegenüber all die anderen Leute dort kaum wert waren, daß man sie ansah. Er litt, und er steigerte sich in sein Leiden hinein. Je unwahrscheinlicher es wurde, daß zwischen ihm und Hermann je noch irgendeine Beziehung zustande kommen konnte, desto heftiger verlangte es Eberhard nach diesem Menschen.

An einen sommerlichen Maiabend endlich sah er ihn wieder. Es war fast Mitternacht, Eberhard saß mit einigen Bekannten im Wagen, sie fuhren die Eilsdorfer Straße hinunter. »Bitte, halten Sie mal eben, ich muß da jemanden sprechen!« sagte Eberhard und sprang hinaus. Hermann blieb stehen, lächelte ihn an, schlug die langbewimperten Lider nieder und sagte: »Ach weißt du, es ist alles so schwierig. Ich hab so 'n schlechtes Gewissen – ach Eberhard, du glaubst nicht, was das mit Walter für ein Theater ist!« Eberhard sah ihn an, mit einem Blick, der alles verzieh, was ihm Hermanns Ausbleiben an Kümmernissen bereitet haben mochte, dann fragte er: »Kommst du denn überhaupt noch mal irgendwann oder nicht? Dann sag 's doch lieber gleich!« »Sicher komm ich!« sagte Hermann. »Wann?« fragte Eberhard. »Morgen?« fragte Hermann zurück. »Ja, morgen! Um halb neun!« sagte Eberhard, und glücklich preßte er Hermanns Hand. Hermann schürzte ein wenig die Lippen, als wolle er ihm einen Kuß geben, und fast wären Eberhard die Leute im Auto gleichgültig gewesen; »Bis morgen!« sagte Hermann, und Eberhard wiederholte »Bis morgen!«, dann verabschiedeten sie sich mit einem letzten Blick, und Eberhard stieg wieder in das Auto. »War 'n das für einer?« fragte einer seiner Bekannten, »sah ja mehr aus wie ein Mädchen!« Eberhard zuckte die Achseln, dann sagte er: »Wohnt hier in der Gegend!«

Froh und vergnügt und aufgeregt wartete er am nächsten Abend. Hin und wieder versuchte er sich die Möglichkeit einzureden, daß Hermann vielleicht nicht kommen würde, trotz allem. Von viertel vor neun an suchte er die Gründe zusammen, warum Hermann sich verspäten könnte; um kurz nach zehn aber war er am Ende seiner Kraft, ließ den Kopf auf den Tisch sinken, und die beiden leeren Gläser klirrten von der Bewegung seines Schluchzens.

Tags darauf sagte er sich, daß die Sache so oder so ein Ende haben müsse. Er mußte Hermann sprechen und die Geschichte ein für allemal klären. Wenn der nicht kommen konnte oder wenn ihm in Wahrheit nichts daran lag zu kommen, dann sollte er 's doch sagen und mit seinem Walter allein sich zufrieden geben – denn daß er den etwa Eberhards wegen aufgeben würde, das hatte Eberhard sowieso nur ganz am Anfang einmal geglaubt und erhofft. Nein, Eberhard wollte jetzt wissen, ob überhaupt irgendeine Aussicht bestand, wenigstens eine Art »Teilanrecht« an dem Burschen zu erwerben oder nicht; wenn nicht, dann wollte er keine vergeblichen Hoffnungen mehr an ihn verschwenden. So schrieb er ihm ein paar Tage später einen kurzen Brief, daß er ihn ganz dringend und ernsthaft bitte, am nächsten Abend für eine Viertelstunde vorbeizukommen.

Der Abend war weich und warm. Um kurz nach sieben war noch heller Tag, ein leichter frühsommerlicher Dunst lag vor dem Fenster. Hermann kam – in einem losen offenen Sommerhemd, in winzigen kurzen Hosen, die er sich selbst aus einem Paar Blue Jeans gemacht hatte, indem er deren Beine direkt unter dem Schritt abgeschnitten hatte, in Sandalen und eingehüllt in den süß-herben Duft eines fremdartigen Eau de Cologne. »Sieh an«, sagte Eberhard, »nett, daß du kommst!« »Na, wenn du so dringend schreibst – ist doch klar!« sagte Hermann, machte die Wohnungstür hinter sich zu, umschlang den andern und küßte ihn lange auf den Mund, indes er seinen so knapp umhüllten Unterleib gegen Eberhards Schoß drückte. Hand in Hand gingen sie ins Zimmer und setzten sich auf die Couch.

»Weißt du«, begann Eberhard, »es ist – also ich möchte gerne wissen – sag doch, siehst du, sag doch ehrlich, du quälst mich ja nur.« »Nein«, antwortete Hermann und sah ihn mit seinen sanften braunen Augen groß an, »red doch nicht so. Quälen! Nein – du weißt selbst, wie schwierig meine Lage ist. Jetzt hab ich auch noch so 'n Krach mit meinen Eltern, die waren neulich hier zu Besuch, und da haben sie irgendwen über Walter ausgefragt. Die richtige Sache wissen sie zwar nicht, naja, die sind ja auch so dumm, sie könnten danebenstehen, wenn ich mit 'nem Mann vögel, sie würden 's nicht glauben, aber irgendwie finden sie das alles unsympathisch, Walter und alles und daß ich hier arbeite, und sagen, ich soll doch wieder in unser Städtchen kommen und bei ihnen wohnen, das ist alles schrecklich. Und Walter wieder sagt, ich soll mich nicht so anstellen und das Gekeife nicht so ernst nehmen. Verstehst du – das ist alles nicht so einfach!« Hermann stand auf und stellte sich dicht vor Eberhard, so daß seine nackten Schenkel und die Wölbung im Schritt seiner engen Hose fast vor Eberhards Augen waren. Er legte seine Hände auf Eberhards Schultern. »Hast du mich ein bißchen gern?« fragte er. Statt zu antworten drückte ihm Eberhard seinen blonden Kopf zwischen die Beine, lachte, hielt sich an dem blanken festen Fleisch der Schenkel fest. »Sei vorsichtig, meine Hose platzt!« sagte der Junge. Eberhard stand auf, küßte ihn und fragte, ob er einen Happen mit ihm zu Abend essen wolle. Hermann schüttelte den Kopf. »Nee«, sagte er, »ich muß gleich weg. Um acht kommt Walter.« Enttäuscht und doch noch fast hoffend, er könne ihn durch die Gebärde umstimmen, drückte Eberhard ihm eine Hand gegen die Hose. Hermann lächelte, schlug wie verliebt die Augen nieder, sah ihn groß an: »Hilft ja nichts«, sagte er, »ich hab 's ihm versprochen«. »Weißt du, daß du mir auch schon manchmal was versprochen hast?« fragte Eberhard und fuhr gleich fort: »Wann kommst du mal? Oder wirst du nie mehr kommen?« »Wäre ich dann heute gekommen?« fragte Hermann zurück. »Aber morgen ist Donnerstag, da geh ich ins Theater, Freitag muß ich Koffer packen und so, und am Samstagnachmittag fahr ich mit Walter nach Spanien; Ferien.« »Hm«, machte Eberhard. Hermann merkte, wie groß die Enttäuschung war, und sagte: »Drei Wochen bleib ich weg, dann, wenn ich wieder da bin, meld ich mich!« »Bestimmt?« »Bestimmt! Und jetzt muß ich rüber!« Wieder küßten sie sich, und eine Minute später fiel die Tür hinter ihm ins Schloß. Vom Fenster aus sah Eberhard ihm nach, wie der Junge da unten ging – eine knappe hellblaue Hose und lange nackte Beine.

Er legte sich auf seine Couch und versuchte nachzudenken, doch kam er zu keinem anderen Ergebnis als dem, daß es hier nichts zu denken gab. Es klingelte. Draußen stand Konstantin, der syrische Chemiestudent, den Eberhard vom Monokel her kannte; er wollte sich ein Buch ausleihen, das Eberhard ihm letzthin versprochen hatte. Sie redeten einen Augenblick hin und her, Konstantin blätterte in dem Buch, dann wandte er sich zum Gehen. Kurz vor der Tür schnupperte er in die Luft und sagte: »Darf ich etwas bitten? Nur ein ganz klein Tropfen von dem Silvestre, nur ein Tropfen, hab so gern diesen Geruch!« Eberhard lächelte vielsagend, so als habe er grade das schönste Abenteuer seines Lebens hinter sich, und erklärte: »Ich habe kein – das ist nicht von mir.« »Oh la la!« rief Konstantin, schnalzte mit der Zunge und sagte »So einer sind Sie!« Dann ging er.

Vier Stunden später sahen sie sich wieder. Eberhard war im Monokel gewesen und wollte gerade zur Bambus-Bar gehen, da kam ihm der Syrer mit zwei ganz gut aussehenden jungen Leuten entgegen. Der eine hieß Jean und war ein französischer Student, der ein paar Tage Ferien hatte und Konstantin besuchte; der andere hieß Karl, hatte ein gutes etwas verkommenes Gesicht und war in der Nachbarstadt an der Kunstschule. Eberhard ging mit den dreien wieder ins Monokel hinunter. Während er an dem Syrer nichts fand, gefielen ihm die beiden anderen umso besser, und als das Monokel zumachte, lud er Konstantin und seine beiden Freunde zu sich zu einer Tasse Kaffee ein.

Der heiße Kaffee tat ihnen gut; sie hatten alle im Laufe des Abends einigen Alkohol getrunken. Und als der Kaffee ausgetrunken wer, blieben sie doch weiter zusammen, unterhielten sich, rauchten. Eberhard hatte eine Kerze angezündet. Jean saß in seiner Nähe auf dem Fußboden, Konstantin lag auf der Couch, an seiner Seite saß Karl und lehnte sich an ihn an. Die Vorhänge waren nicht zugezogen, den Nachthimmel draußen füllte der Schein des von hier unsichtbaren Mondes. Karl begann, den Syrer zu kitzeln und zu kosen, beugte sich endlich über ihn, um ihn zu küssen; erhob sich halb wieder und blies die Kerze aus. Jean stand auf, und indes er die Beine gegen den Stuhl stemmte, fuhr er mit beiden Händen unter Eberhards Hemd. Die dunklen Gestalten auf der Couch kicherten, wieder und wieder hörte man ihre Küsse; Jean und Eberhard knöpften einander die Hose auf. »Quoi?!« rief Konstantin gleich darauf mit seiner schrillen Stimme, sprang von der Couch herunter und schaltete das Licht an. Jean hockte schon wieder auf dem Fußboden.

Böse und beleidigt starrte der Syrer seinen französischen Freund an. Karl suchte sich einen Stuhl, Konstantin saß allein auf der Couch. Eberhard versuchte, das Gespräch wieder in Gang zu bringen – vergeblich. Dann ging er ein paarmal durchs Zimmer, strich Karl über die Haare, der schüttelte unwillig den Kopf. »Also der auch nicht!« dachte Eberhard, und ein paar Minuten später sagte Konstantin: »Sehr spät, wir müssen fahren, Jean auch ganz fertig, wohnt bei mir!«

Karl brummte müde: »Nehmt mich mit, ihr kommt doch an meinem Hotel vorbei!«, und dann machten die drei sich auf. Eberhard öffnete das Fenster, die warme Sommerluft strömte herein, er räumte die Tassen zusammen.

IN DEN SEMESTERFERIEN war Roland zu Hause bei seinen Eltern. Die waren froh, wenn er wenigstens für ein paar Wochen wieder unter ihrem Dach wohnte; seine beiden älteren Schwestern waren schon verheiratet, und nur Lotte, die zwei Jahre jünger war als Roland, lebte noch bei ihnen.

Es war ein Samstagabend spät im April, die Ferien gingen zu Ende. Roland hatte sich lang mit den anderen unterhalten, dann noch Bücher für seine Dissertation gewälzt; die Uhr hatte schon Mitternacht geschlagen. Er beschloß, noch in die Kneipe um die Ecke zu gehen und ein Bier zu trinken.

Die Welt dampfte, als er auf die Straße trat. Es hatte den ganzen Abend geregnet, dabei war es ziemlich warm geblieben, das Wasser tropfte und dunstete von den neuen Blättern, alles roch nach Wachstum, nach Grün. »Vielleicht wächst das Grün in keiner Nacht des Jahres so wie in dieser«, dachte er, als er an den Hecken entlangging.

In der Kneipe traf er nur einen Gast an, und der war schon ziemlich betrunken. Dieser Gast war Jan, ein Junge aus der Nachbarschaft, – er war knapp fünf Jahre jünger als Roland, aber das Gesicht des Einundzwanzigjährigen war durch allzuviel Alkohol und allzuviel Frauen schon verdorben. Er war vor Jahren von einer guten Schule gelaufen, hatte mit Müh und Not eine Anstreicher-Lehre hinter sich gebracht und arbeitete jetzt nur unregelmäßig. Vor zweieinhalb Jahren war Roland einmal zwei drei Wochen in den Jungen verliebt gewesen und hatte dies und das versucht, ihn zu locken, zu reizen. Jan hatte nicht gemerkt, worum es Roland gegangen war, und Roland hatte sich gehütet, ihm das allzu deutlich zu machen. Jetzt war Jan seit ein paar Monaten verlobt, wie Roland von seiner Schwester wußte.

Mit Emphase begrüßte er Roland, seine etwas glasigen Augen blinzelten, er bot ihm sein Glas an, Roland bestellte neues Bier für sie beide, Jan bestellte Schnäpse dazu. Jan begann zu philosophieren. »Nietzsche!« sagte er, »Nietzsche hätte Jazz kennen müssen. Kennst du Bessie Smith? Das ist 'ne Art neuer Christus, finde ich. Ich könnt dir das auch begründen, aber –. Ohne Sexualität ist nichts zu wollen. Das ist das eigentliche A und O. Ich kenn einen, der sagt, das steht auch in der Bibel.« So redete er weiter; zwischendurch sprach er ein paarmal für fünf Minuten ganz vernünftig, dann konnte Roland ihm antworten, bis plötzlich Jans Gedanken wieder auf irgendwelche krausen Abwege gerieten. Im übrigen tranken sie, Bier und Schnaps. Roland überlegte, was er wohl je an dem Jungen gefunden hatte, denn besonders hübsch war er eigentlich nicht. Oder doch? Aber wer war Jan damals gewesen, wer er selber, Roland? Käthe begann die Stühle zusammenzustellen, und obwohl Roland dachte, daß er eigentlich genug getrunken hatte, bestellte er rasch noch einmal zwei Bier, zwei Schnaps.

Aber als sie hinauskamen, fühlte Roland sich nüchtern und klar. Jan freilich konnte kaum gehen; nach zwanzig Schritten blieb er stehen. Er lehnte sich gegen einen Vorgartenzaun aus Holz, fast geriet sein Kopf in die tropfenden Sträucher, die den Zaun überragten. Noch immer war die Luft feucht, erfüllt von dem vielfältigen Geruch des Wachsens, und in dem blassen Schein der Neonlaternen glänzte naß und dunkel das frische Grün. »Bin glücklich!« sagte Jan mit schwerer Stimme, »vollkommen glücklich! Beneidenswerte Schlagseite.« Sie standen im Schatten eines Straßenbaumes, kein Mensch war mehr unterwegs, selbst hinten auf der Hauptstraße kam kein Auto mehr vorbei – die Welt bestand nur noch aus dem nassen treibenden Dunkelgrün und der hin- und herziehenden Feuchtigkeit der Luft. »Das ist nämlich 'n Glück, so 'ne Schlagseite!« sagte Jan. Roland stand dicht vor ihm und drückte sein Knie gegen Jans Oberschenkel. Jan lachte kurz auf. »Mit dem linken Knie!« sagte er, »hä! Mit dem linken ... Mensch, das is eine Scheiße, daß damals der Camus gestorben is!« Roland nahm sein Knie für einen Moment zurück und versuchte herauszubekommen, in welchen Zusammenhang Jans Mitteilung über Camus' Tod gehörte, aber Jan antwortete nicht. Von neuem drückte Roland sein linkes Knie gegen Jans Oberschenkel, schob ihm das rechte Knie zwischen die Beine, langsam, fast zufällig, indes ringsum die stille dunkelgrüne Nacht tropfte. »Meine Hoden, hä hä!« brummte Jan mit einem kurzen Lachen, »willste mal fühlen? Hier!« Er zog den Reißverschluß auf, und Roland langte ihm in die Hose. »Da passiert heut nix mehr!« sagte Jan. »Bin völlig ausgetobt. Heute nachmittag mit Liesel zweimal!« Einen Augenblick noch ließ Roland seine Hand darinnen, einen Augenblick, der so lang währte wie der Gedanke an jene Winterwochen, da er in Jan verliebt gewesen war. Dann zog er Jan die Hose wieder zu, der legte ihm einen Arm um den Hals, hängte sich schwer an ihn, und so begannen sie die Straße hinunter zu torkeln durch die naßgrüne Nacht.

Als sie sich an nächsten Tag zufällig trafen und ein paar Worte miteinander redeten, schien sich Jan kaum daran zu erinnern, daß sie zusammen getrunken hatten, geschweige denn an ihr Gespräch auf der Straße. Roland aber fiel an diesem Tag ein Traum ein, den er vielleicht in der letzten, vielleicht in einer früheren Nacht geträumt hatte:

Er und seine Schwester Lotte waren in einem verwilderten Garten oder Park, der groß und unübersichtlich war und tiefer lag als die Straßen ringsum. Wo er zu Ende war, liefen alte Mauern, die bis zu den Straßen hinaufreichten und dann und wann unterbrochen waren von schmalen Treppen. Es mußte Anfang der Nacht sein – auf der Straße oben fuhren Autos, an den Treppen und auch hier und da in dem Garten selbst brannten Lampen. Und es war Sommer, starker Sommer, die Luft war heiß und dicht, das wilde Laub, von der orangenen Lampe angestrahlt, ließ die Wärme noch ärger erscheinen. Ein junger Bursche stand bei Roland und Lotte, sie redeten zusammen, gingen zwischen den groß-blättrigen Pflanzen und Sträuchern ein paar Schritte hin und her. Roland hätte den Jungen, den er bis dahin noch nicht gekannt hatte, gern besessen; Blätter, Ranken; dann hockten sie zu dritt im angeleuchteten Grün auf irgend-einem Vorsprung des Mauerfußes. Der junge Bursche stand auf, tat ein paar Schritte beiseite, blieb stehen, drehte sich um, zögerte, wieder zurückzukehren. Roland sagte zu seiner Schwester: »Du solltest schon mal nach Hause gehen, es ist wirklich sehr schwül hier.« Da erhob sie sich, begann, in das dunkle Grün, Grünbraun, Schwarzgrün hineinzulaufen, irgendeinem Ausgang zu, der hinter diesen wilden Blättern und Zweigen und Pflanzen sein mußte, dabei weinte sie aus tiefster Seele einmal laut und durchdringend auf, rief: »Ja, wirklich – sehr *schwül*«, weinte, weinte laut und hemmungslos und lief und war fort. Roland stand in der wilden Wärme und wußte, was dieses gräßliche Aufweinen hieß – es hieß: »Also doch, also doch – und wieviel Hoffnung und Stolz hatten wir nicht in dich gesetzt – also doch« – und nicht wie Empö-rung oder Enttäuschung hatte es geklungen, sondern wie Schmerz, Schmerz über ein Unglück, über ein endgültiges durch nichts auszugleichendes Unglück. Roland redete ein oder zwei leise Worte mit dem Jungen, dann gab es irgend-einen Grund, irgendetwas mit einer Jacke wohl, warum er den Burschen für einen Augenblick allein lassen mußte. Er vergewisserte sich, daß der solange warten würde und eilte die Treppe hinauf, über die nachtleere Straße, auf der er fern zwei Polizisten gehen sah, lief zwischen zwei billigen Kneipen hindurch in den Eingang eines großen einfachen Mietshauses, in dem, wie sich herausstellte, die Wohnung seiner Eltern war. Er ging hinauf; und dann konnte er nicht wieder fort, denn im gleichen Augenblick kamen seine Eltern heim. Sie würden ihn fragen, wohin er zu dieser Zeit denn noch gehen wolle, und dann würde er keine glaubhafte Antwort wissen. Er redete mit den Eltern, die Eltern redeten mit ihm, in einem Zimmer mit schwachem kaltem Licht begann er eine Kommodenschieblade aufzuräumen, wartete, daß seine Eltern sich schlafen legten, einschliefen.

Drei oder vier Stunden war er in der Wohnung, da erst kam die Gelegenheit, sie wieder zu verlassen. Leise stahl er sich hinaus. Noch immer war es warm, der Garten lag still und dunkel da wie zuvor, verwildertes Gelände voller alter Bäume und Pflanzen und Blätter und Ranken, schwül, verwilderter Park, Lampen an seinen Rändern – aber unten bei der hohen Lampe an der schmalen alten Treppe war niemand mehr, niemand mehr, er hatte ja selbst kaum geglaubt, daß der Bursche solange auf ihn warten würde, drei oder vier Stunden, niemand mehr, mit all dem Schmerz der Schwester nichts erkauft als das leere Grün, niemand mehr, niemand mehr als die stille verwilderte Welt der Pflanzen, als der warme Sommer in dem düsteren Durcheinander von Stämmen und Blättern, als das undurchdringliche schweigende Grün, angestrahlt von der Lampe.

Vom ersten Tage an hatte Kurt Roloff in der Hotelpension Seeblick den Ecktisch. Er beobachtete, wie andere Gäste umgesetzt wurden oder neu anreisende Leute an ihren Tisch gesetzt bekamen – er allein blieb verschont, ob ihm das recht war oder nicht; fast schien ihm, der Pensionswirt lege besonderen Wert darauf, ihm derlei Veränderungen nicht zuzumuten. Die Saison begann erst, vielleicht würde er doch noch jemanden an den Tisch bekommen (aber wen?); vorläufig aß Roloff allein. Er entbehrte die Unterhaltung nicht zu sehr; er hatte am Strand eine Gruppe von Sekretärinnen kennengelernt, die allerdings in einem anderen Hotel wohnten, doch fühlte er sich so in dem kleinen Seebad nicht ganz verlassen.

Am zehnten Tag trat abends ein junger Mann in den Speisesaal und blickte unsicher suchend um sich. Der Ober wies auf Rolands Tisch, der junge Mann, der Mitte Zwanzig sein mochte, nickte und kam heran. »Guten Abend!« sagte er, »Stein ist mein Name.« Roloff erhob sich, streckte ihm die Hand hin; »Roloff«, sagte er, »guten Abend!« Sie setzten sich und waren beide überzeugt, daß der andere ebenfalls ein Homosexueller war, und bedauerten beide, daß der andere nicht das war, was jeder von ihnen seinen »Typ« nannte.

Ihre Unterhaltung ging langsam voran. Sie stellten fest, daß sie aus nah beieinander liegenden Städten hierher gereist waren; sie erfragten ihre Berufe; das Kühnste, was Roloff sich herausnahm, war, daß er Herrn Stein sein Alter schätzen ließ. »Siebenunddreißig, achtunddreißig!« sagte Stein. »Schon mehr, leider, etwas mehr!« sagte Roloff mit leichter Koketterie – »immerhin zweiundvierzig!« »Gut gehalten!« sagte Stein. »Sie schätz ich auf sechs-, siebenundzwanzig«, sagte

Roloff. »Richtig«, antwortete Stein, »siebenundzwanzig.« Kurz danach wünschte er Roloff noch einen guten Abend und ging.

Es ließ sich nicht lange vermeiden, daß ihre Gespräche auf die Welt der Liebe kamen, und jeder ließ in dieser Unterhaltung ein Stückchen Maske nach dem anderen abfallen, bis sie in Lauf des dritten Abends fast gleichzeitig sagten: »Das hab ich mir schon in dem Augenblick gedacht, als ich Sie zuerst sah!« Roloff war froh, als sie an diesem Punkt waren, denn nun konnte er endlich mit jemandem von den Dingen sprechen, die ihn vor allen anderen bewegten; Stein fand das zuerst amüsant, doch an manchen Abenden wurden ihm die langen Erörterungen immer desselben Themas zuwider, so daß er sagte: »Herr Roloff, bitte, lassen Sie mich doch in Ruhe essen!« Dann fühlte Roloff sekundenlangen Schmerz und fragte sich, was in dem jungen Mann, der doch schließlich auch nicht anders war, vorgehen mochte, daß er ihn so hart unterbrach – und ein bißchen leiser nahm er den Faden seiner Darlegungen wieder auf.

»Ferien sind für mich die anstrengendste Zeit des ganzen Jahres, glauben Sie das? Es ist schrecklich, immer geht man und sucht und hofft auf ein Abenteuer. Wenn ich gewußt hätte, daß in diesem Nest so wenig los ist, ich wäre anderswohin gefahren. Die beiden letzten Jahre war ich in Italien. Einmal saß ich da so am Strand, da kam eine Gruppe italienischer Studenten, zog sich aus, kicherten, guckten immer zu mir her. Schließlich legte sich einer in meine Nähe, der blieb auch, als die andern wieder wegfuhren, nachher nahm er mich im Auto mit. Nicht hübsch, aber ein Paket, na ich sage Ihnen – im Ort setzte er mich ab, er hatte keine Zeit mehr, den nächsten Tag wollte er wiederkommen. Daraus wurde nichts, aber ich fand doch diesen und jenen. Aber hier! Heut nachmittag bin ich mit dem Bus ein Stück ins Land gefahren und dann durch zwei Dörfer gebummelt, in dem einen gab 's noch 'ne richtige Schmiede. Also das sehe ich ja gern, da gibt 's doch fast immer was zu sehen, wissen Sie, so 'n kräftigen Kerl, haha, in dieser Schmiede zwar nicht; aber einen Anstreicher sah ich, ich sage ihnen, Zucker! Als ich nachher wieder vorbeikam, hatte er gerade seine Sachen zusammengepackt und ging los, ein bildhübsches Bürschchen, und das auf so 'nem Dorf, ist es nicht eine Schande? Er lächelte mir kurz zu, dann schob er mit seinem Fahrrad vor mir her, und manchmal drehte er sich nach mir um. Draußen vor dem Ort bog er in einen dichtbewachsenen Weg ein, fast 'nen Waldweg, da ging er langsam runter.« »Und«, unterbrach ihn Günter Stein, »sind Sie ihm nachgegangen?« »Nein, ach –«, Roloff legte sein Gesicht in unglückliche Falten, »nein, ich mochte nicht. Man kann ja nicht wissen, und vielleicht wär er bloß ausfallend geworden, oder hätte mich ausgelacht, das will man ja nicht, also nein, dann lieber nicht.« »Sie haben ja selber Schuld«, sagte Günter, »so können Sie ja zu nichts kommen. Genau wie vorgestern Ihre Standgeschichte, wo so 'n Bursche Sie dreimal überholt und wieder wartet – und Sie biegen ab und gehen nach Hause. Sie haben 's auch nicht besser verdient, als daß Sie leiden.« »Hach, wie Sie wieder reden! Ich bin eben nicht so ein ausgekochter wie Sie! Sie dürfen nicht vergessen – ich habe keine Routine, ich sagte Ihnen ja schon mal: Bis zu meinem achtunddreißigsten Lebensjahr war ich eine Jungfrau! Sie wissen ja nicht, was das bedeutet! Bis dahin habe ich immer noch gedacht oder gehofft, ich wäre eben nicht so, und ich hab mir alles, aber auch wirklich alles, verkniffen. Kaum, daß ich mal jemandem nachgeschaut habe! Nein, wirklich eine Jungfrau. Und jahrelang war ich bei einem Psychiater, da sind wir so 'n Kreis, da geh ich auch jetzt noch öfter hin, das ist immer sehr nett. Und mit dem hab ich mich geeinigt, daß das Widerstreben gar keinen Sinn hat, daß man eben damit fertig werden muß. Da hatt ich natürlich meine ersten Erfahrungen schon hinter mir. Aber eine richtige Jungfrau, sage ich Ihnen. Daher kommt es auch, so glaube ich manchmal, daß ich jetzt so besonders wild bin, glauben Sie nicht? Ich hab ja so viel nachzuholen. Schließlich sind mir doch all die Freuden der Jugend, wie man so sagt, die sind mir ja verlorengegangen. Selber schuld, werden Sie gleich wieder sagen, naja, wie Sie wollen, jedenfalls eben versäumt. Und jetzt natürlich bin ich völlig haltlos!« »Können Sie denn noch zählen, wie oft Sie schon jemanden gehabt haben?« fragte Günter. »Na und ob, das wär ja noch schöner – ich könnte es Ihnen sogar genau sagen, es sind noch keine zwanzig Mal. Hach, und es waren einige dabei – da wären auch Sie ganz weg, wenn Sie die sähen! Aber was Dauerhaftes war eben noch keiner. Und ich hätte so gerne mal was Dauerhaftes. Haben Sie dies Ehepaar am Strand gesehen, beide wohl etwas älter als ich, der eine eher dick, der andere, wahrscheinlich der Mann, wenn ich richtig beobachtet habe, größer und schlanker, haben Sie die schon mal gesehen?« »Trug der eine ein grünes Badetuch mit Rot und der andere das gleiche in Rot und Grün? Ein besonders schönes Paar ist das nicht grade.« »Darauf kommt 's ja auch nicht an, aber glücklich sind die! Um sowas beneid ich die Leute, da bin ich so richtig neidisch. Stattdessen reist man in Europa herum und guckt sich die Augen aus dem Kopf, ob man mal was Hübsches in 'nem netten Höschen sieht. In Italien voriges Jahr, da traf doch eine ganze Truppe amerikanischer Marinesoldaten ein – na, und ich bin doch so 'n leidenschaftlicher Photograph. Und wie die da auf der Piazza standen – kennen Sie diese weißen Hosen der amerikanischen Mariner? Die fallen ganz nett, wissen Sie, nicht wahr? Da kann man schon mal ein Auge riskieren, wenn sich da der weiche Stoff so um diese Pakete bauscht – ein sehr hübsches Dia! Mit sowas tröstet man sich dann. Ich hätt mich totlachen können, wie ich die Bilder meinen Kollegen auf dem Amt gezeigt hab und wie sie gesagt haben, die weiße Gruppe hebt sich so gut ab und die Kirche im Hintergrund und der blaue Himmel, und ich dachte: Wenn ihr wüßtet, worauf 's mir angekommen ist – bloß auf diese Schwänze in den schicken Höschen, wovon ihr noch nicht mal irgendwas *seht*! Ja, das ist ein ganz nettes Bild, schade, daß ich 's Ihnen nicht zeigen kann.«

Kurt Roloff hatte sich in Feuer geredet; Stein versuchte, ihn auf ein anderes Thema zu bringen: »Was photographieren Sie denn sonst so?« »Vor allem Blumen! Und Schmetterlinge. Das ist schön, so durch die stille Landschaft zu streifen und dann ganz leise mit der Linse an sowas ranzugehen und so einen Zauber aus Farbe und Licht einfangen! Und über die Wiese, oder über den Weg, und immer hat man auch ein bißchen die Hoffnung, es könnte mal ein hübscher Junge entgegenkommen, vielleicht ein Waldarbeiter oder ein Zigeuner oder was, man kann ja nicht wissen. Einmal ist mir das so gegangen – aber nachher sah ich plötzlich, daß sie zu zweit waren, und da hab ich 's mit der Angst gekriegt und so getan, als hätte er mich falsch verstanden. Der hatte übrigens ein bißchen Ähnlichkeit mit dem Herrn Köhler.« »Ich kenne keinen Herrn Köhler«, sagte Stein, »wer ist das?« »Bei diesen Frauen, da am Strand, wo ich immer liege, da ist doch so eine Blonde, so Mitte Zwanzig, etwas füllig.« »Die mit dem rot und blau gestreiften Badeanzug?« »Ja, genau, und die hat doch neuerdings so einen Verehrer, so einen mit dunklen Locken, so 'n Großen, nicht mehr ganz jung.« »Ja, hab ich schon mal gesehen«, sagte Stein. »Wissen Sie«, sagte Roloff und senkte die Stimme, »ich glaub, der ist auch so. Also der hat so Allüren gegenüber dem Mädchen, da stimmt was nicht. Na, und wie der heute da dies Ehepaar mit dem Strandkorb begrüßt, die kennt er irgendwoher, naja, und da sagte er so: ›Gnädige Frau‹ – das war mir ja fast der Beweis. Denn das ist doch so 'n Mittel, die Distanz zur Frau zu halten, oder auch ein natürlicher Ausdruck der Distanz zur Frau, das hab ich immer gefunden.« »Na, übertreiben Sie nicht!« sagte Stein. »Doch, doch, ich glaub bestimmt, da täusch ich mich nicht. Bei Ihnen hab ich mich ja auch nicht getäuscht, oder? Also. Auch wenn der mit dem Zeitungsmann redet – der Zeitungs-mann ja sowieso. Wenn der morgens so Guten Tag flötet – hach, bloß zwanzig Jahre zu alt. Nein, hier in dem Nest ist nichts zu wollen. Ich werde drei Tage früher wegfahren und die in B. zubringen, das kenn ich noch nicht. Das ist doch wenigstens 'ne Großstadt, da muß ja wohl irgendwas los sein. Denn hier –. Was mir hier wirklich gefällt, das ist ja doch nicht zu haben. Da ist z.B. so 'n Braungebrannter, kräftig, ein paar Jahre jünger als Sie, kurzgeschoren, blaue Augen, sinnlicher Mund, abends hat er immer hellblaue Leinenhöschen an, tagsüber einen schwarzweiß gestreiften Badeslip, hat ganz schöne Bäckchen und auch sonst sitzt das alles ganz stramm – na, der treibt sich doch den ganzen Tag mit so 'n paar Mädchen rum, lacht, spielt Ball mit so lasziven Bewegungen, schwimmt wie ein Gott – nicht mal angucken tut das Aas einen! Ferien sind eine Strafe für mich, wirklich die anstrengendste Zeit des ganzen Jahres. Und das übrige Jahr denkt man: Na, wenn erst Ferien sind! Meine alte Mutter denkt sowieso, ich fahre immer mit irgendwelchen Frauen in die Ferien. Und jedesmal, wenn ich zurückkomme, erwartet sie, daß ich ihr meine Verlobung ankündige. Die Arme! Und von diesen Sachen hat sie auch gar keine Ahnung. Als im Radio neulich mal von Oscar Wilde die Rede war, als ich sie gerade besuchte, sagte sie: ›Ja, Krankheiten kommen manchmal vor –‹ – daß das alle Tage und in ihrer eigenen Familie vorkommt, das merkt sie gar nicht. Mit einer Frau in die Ferien zu fahren – das fehlte mir gerade noch. O je o je! Nee, dann lieber vergeblich nach appetitlichen Paketen ausschauen, mal hier, mal da ein süßes Bübchen betrachten und vielleicht sogar mal eins kriegen. Was Ideales ist das natürlich nicht. Nein, etwas Dauerhaftes müßte man haben. Ich kenne da einen Studenten, der ist auch sehr nett, ich glaube, der mag mich. Wenn ich wieder zu Hause bin, sollte ich eigentlich mal versuchen, mit dem irgendwas zu drehen, ihn zu heiraten sozusagen. Ein Bekannter von mir, der hat das gemacht, auch mit 'nem Studenten, der wohnt bei ihm, und er unterstützt ihn auch 'n bißchen, bevatert oder bemuttert ihn so, und das geht gut, schon seit zwei Jahren. An sowas denk ich auch. Man wird ja nicht jünger.«

So redete und erzählte Kurt Roloff Abend für Abend; sein Nachbar nickte, stellte mal eine Frage und winkte dann und wann ab, wenn Kurts Erzählungen drastischer wurden. Am letzten Abend brachte Roloff einen Stadtplan von B. mit. »So«, sagte er, »da werde ich morgen abend sein!« Er schob das Geschirr beiseite und breitete den Plan quer über den ganzen Tisch hin aus, so daß die Gäste an den anderen Tischen sich zu ihnen umdrehten. In der Nähe des Stadtzentrums und weiter oben am Fluß waren große grüne Flecke eingezeichnet. Roloff legte seinen Zeigefinger erst auf den einen, dann auf den andern: »Hier«, sagte er, »hier, denke ich. Und vielleicht auch hier. Aber aussichtreicher erscheint mir 's hier. Drücken Sie mir morgen abend mal den Daumen!« »Seien Sie vorsichtig, sagte Günter, man kann in den Großstädten nie wissen, was einem so passiert.« »Ja, ja«, sagte Kurt, »ich weiß. Aber irgendwas will ich doch auch von meinen Ferien haben.«

Sie verabschiedeten sich. »Vielleicht sehen wir uns mal im Monokel«, sagte Roloff, »ich fahre Freitags manchmal rüber – bei uns kann ich ja unmöglich in ein Lokal, wegen der Leute vom Amt!« Stein nickte, dann wünschten sie sich gegenseitig viel Glück für die verbleibenden Ferientage, und Roloff ging hinauf, um seine Koffer zu packen.

DIE GANZE NACHT hindurch fahren auf der Strecke hinter den Wallanlagen die Züge hin und her: die großen Fernzüge mit vielen hellbeleuchteten leeren Abteilen, die großen Güterzüge, lange Reihen verschieden hoher schwarzer Kästen, letzte Personenzüge ins umliegende Land, vom umliegenden Land; Lokomotiven, mit und ohne Wagen, die dort rangieren, warten, stoßen, mit lautem Krach wieder anfahren, und manchmal, wenn sich ein Güterzug wieder in Bewegung setzt, hört man, wie das Rumpeln sich fortpflanzt die ganze unsichtbare Wagenkette hinunter, die da auf den Gleisen steht und wieder voranmuß.

Dann und wann hüllen Dampf- und Qualmwolken alter Lokomotiven den Hügel inmitten der Wallanlagen minutenlang ein, der glattgetretene Schnee auf dem oberen Weg wird schmutziger. Die Scheinwerfer der Züge, die hellen Abteilfenster werfen Licht auf das Gelände neben dem Bahndamm, in die Sträucher, durch das blattlose Gehölz hügelaufwärts, gegen Schnee und Eis auf den schmalen Wegen, die das Gesträuch am Hügelabhang durchziehen. Die Männer, die dort in der Kälte stehen, verharren einen Augenblick lang, bewegen sich nicht, wenden höchstens ihr Gesicht von der Bahnseite fort – dabei wissen sie, daß niemand dort an den Abteilfenstern, niemand vorn in den Lokomotiven sie sehen kann, von dort sind sie Schatten unter Schatten, gleich ob sie einzeln dort stehen oder zu mehreren, ob sie ganz in den Sträuchern stehen oder auf freieren Flecken, ob sie im dunklen Mantel dort stehen oder im weißen Pullover, ob sie mit nacktem Unterkörper dort stehen, die Hosen bis auf die Schuhe hinuntergelassen, oder ob ihre Kleidung so tadellos in Ordnung ist wie nachmittags auf der Straße.

Der Hauptweg unter der Hügelkuppe hin ist glatt, tagsüber sind da die Kinder gerutscht. Unsicher gehen dort einige Leute, vorsichtig, um nicht auszugleiten – gehen hinab bis zu dem Spielplatz auf der anderen Seite, von dem Spielplatz auf der anderen Seite den Hauptweg hinauf, von dem Hauptweg hinunter zum unteren Weg, von dem unteren Weg wieder hinauf zu dem oberen Weg, hin und her. Manchmal geht einer über die verharschte Grasfläche, die von den Schlitten fast blankgefahren ist, geht hinten an den Sträuchern entlang, kehrt zurück auf den Weg. Die Sträucher sind dicht, aber man kann weit hindurchsehen durch ihr leeres Gezweig und Geäst, und wenn zwei Männer sich neben dem Hauptweg in den Nebenweg gestellt haben, einer die Hände in der Hose des andern versenkt, so kann man schon ganz vorn am Anfang des oberen Weges sie sehen als eine sich bewegende Schattenmasse in dem feinen Muster der Sträucher.

Niemand geht hier außer den Männern, niemand anders wird hier vorbeikommen. Ein alter Mann mit einem dicken Jackett und offenem Hemdkragen steht und geht schon zwei Stunden dort, wartet, zieht mit kurzem Schniefen regelmäßig den Nasenschleim hoch, wartet, läßt die wenigen anderen, die zu dieser Stunde, zu dieser Jahreszeit ihm entgegenkommen, stumm vorüber, zündet sich eine Zigarette an, schnieft, geht rasch den Weg hinauf und hinunter, hin und her, steht, wartet. Ein junger Mann in kurzem pelzbesetztem Mantel und in Hosen, die zu hell sind für diesen Monat, dreht sich nach einem anderen um, der eine Pelzmütze trägt und einen schwarzen Anorak. Der mit der Pelzmütze bleibt stehen, nimmt die Mütze ab, damit der andere sein Gesicht sehe; der mit den hellen Hosen kehrt zurück und geht ihm langsam voran, einen Nebenweg hinunter in die Nähe des Bahndamms.

112

Dort wandert ein dicker älterer Herr hin und her, ein langer weißer Wollschal fällt ihm den Rücken herunter; alle zehn Minuten begegnet ihm ein zierlicher wohlgekleideter Mann, der auch hoch in den Fünfzigern ist, und mit der keck aufgesetzten Seehundsfellmütze über dem gepuderten Gesicht aussieht, als käme er aus einem Petersburger Salon – die beiden Herren tun, als sähen sie sich nicht. Noch andere gehen dort unten in der Nähe des Damms hin und her, auf und ab, sie scheuen die Wege oben zwischen den kahlen Sträuchern.

Der Himmel ist hoch und kalt, und langsam schiebt sich der Orion über den Hügel hin. Manchmal ist auf dem oberen Weg niemand; dann wieder kommt einer, rasch, mit hochgezogenen Schultern, bleibt einige Minuten stehen, geht weiter, kehrt zurück, wartet, gibt auf. Ein anderer kommt ihm entgegen, sie sehen sich an, gehen aneinander vorbei, einige Minuten später ist der Weg leer, die beiden sind jeder für sich nach Hause gegangen, nach einiger Zeit kommen andere, von dem unteren Weg, vom Spielplatz, von den Nebenwegen tief im Gesträuch.

Dicht am Hauptweg sind zwei auf dem Nebenweg stehen geblieben, haben ihre dicken Wintermäntel auseinandergeschlagen, stehen, halb sich zugewandt, zwei Meter voneinander entfernt, starren einer zu dem aufgerichteten Glied des andern. Sie rücken einander näher, greifen endlich einer zum andern hin, nicken sich zu, lassen ihre Mäntel wieder übereinanderfallen und gehen hinab in die Sträucher. Irgendwo bleiben sie wieder stehen, lassen ihre Hosen hinunter, drängen und reiben sich aneinander, warmes freudloses Fleisch in der kalten Luft. Der Schatten eines Dritten taucht auf im Gesträuch, kommt näher. »Mach daß du wegkommst!« zischt der eine, und schniefend zieht sich der

Dritte hügelaufwärts wieder zurück. Von unten kommt ein anderer, ein jüngerer etwas fetter Bursche; einer der beiden, die da halb ausgezogen miteinander stehen, schnalzt leise, der andere kommt heran, und mit wenigen Bewegungen ziehen die zwei auch ihm die Hose herunter, die dicken Mäntel fallen über die nackten Hintern, auf denen die gierigen Hände hin- und hergleiten. Zehn Minuten später ist keiner von den Dreien mehr da, die Stadt hat sie aufgesogen, in ein paar Stunden werden sie in Büros, Hörsälen, Ämtern, Lastwagen sitzen und nicht zu unterscheiden sein von den Hunderten und Tausenden, die dort sitzen wie sie; und sie selbst werden sich an den kalten Wind in den Sträuchern kaum erinnern, so lange, bis es wieder Nacht wird und die eisigen Sterne aufgehen über der Stadt und ihren verwaisten Anlagen am Wall, an den Gleisen.

DER SAMSTAG war schulfrei, und Martin beschloß, nach Frankreich zu fahren und Claude zu besuchen. Claude war von seiner Firma für ein paar Monate nach Reims geschickt worden, und so konnte Martin sich sagen, daß die teure kurze Reise schon deswegen gerechtfertigt sei, weil er Reims und seine Kathedrale noch nicht kannte. Freilich, diese Rechtfertigung war schwach. Man unternimmt keine solche Reise, um eine Kathedrale zu besichtigen. Martin fragte sich, warum er denn dann eigentlich fahre, und es war eine rhetorische Frage: Der einzige Grund dieser Reise war seine Sehnsucht nach Claude. Diese Sehnsucht aber war im Kern sinnlos und vergeblich, auch das sagte er sich. Hatte er nicht schon einmal eine ganz ähnliche Reise unternommen, nach Paris, und hatte er sich nicht damals auf der Rückreise gesagt, daß es für die ganze Reise eigentlich keinen sinnvollen Grund gegeben hatte? Vielleicht. Aber das war lange her, fünfzehn Monate, und in dieser Zeit hatte das Bild seines Freundes von neuem Macht über ihn gewonnen, die Monate hatten – wer konnte das genau wissen? – den eigentlichen Claude wieder deutlicher werden lassen oder aber allzuviel Realität aus seinem Bild eliminiert, fünfzehn Monate, Martins ganze Sehnsucht hatte sich wieder in diesem Namen gesammelt, und manchmal sagte er ihn im Einschlafen laut vor sich hin: Claude – Claude –.

Martin Dannenberg war Lehrer an der katholischen Volksschule in Kirchtal, seit gut zweieinhalb Jahren schon. Er hatte Claude während seines Studiums kennengelernt, Claude war damals für sechs Wochen in Deutschland gewesen. Sie hatten sich im Grunde selten gesehen – damals schon und später erst recht. In der ersten Zeit hatte Martin

115

ihm dann ziemlich oft geschrieben, eine Antwort von Claude kam zwei-, dreimal im Jahr. In seinen Briefen stand wenig, doch waren sie alle voller Freundschaft, und aus manchen Sätzen, die jedem anderen belanglos erschienen wären, zog Martin wochenlang neue Kraft und, je öfter er sie hin- und herwendete, auch die Bestätigung, daß diese Freundschaft mehr war als eine gewöhnliche Freundschaft. Mittlerweile war ihr Briefwechsel fast eingeschlafen, aber der Ton ihrer Briefe hatte sich nicht geändert, und so wartete Martin immer noch auf den Tag, da gleichsam strahlend offenbar würde, unwiderruflich, unbezweifelbar, daß diese ihre Freundschaft wirklich mehr war als eine gewöhnliche Freundschaft. Wartete auf den Tag, da sie beide gleichzeitig die drei Worte aussprechen würden, an denen alles hing, auf den Tag, der sein Leben verwandeln würde.

Wartete er wirklich auf diesen Tag? Martin schüttelte den Kopf und spürte dabei die harte Kante irgendeiner Leiste, die in der Ecke des Eisenbahnabteils die Wand hinauflief. Was für ein Tag sollte das denn sein? Wohl, er hatte in manchen Nächten davon geträumt, wie Claude plötzlich irgendwo, auf einer Wiese, in einer dunklen nachtumwachsenen Veranda, dicht vor ihm stünde, auf ihn zukäme, und ihm jenen Kuß gäbe, jenen einen Kuß, der ihn schon im Traum so sehr traf, daß er den ganzen wachen Tag, der darauf folgte, sich daran erinnerte wie an eine Verheißung, eine Bürgschaft, deren Einlösung nicht zu bezweifeln war. Aber was, wenn dieser Tag käme? Wäre das denn ein Anfang? Nein. Das Ende. Denn dann müßte er Claude sagen, unter Tränen sagen – Martin genoß es, sich die dramatische Szene vorzustellen –: »Claude, wir müssen dies alles vergessen. Vielleicht dürfen wir uns nie mehr wiedersehen. Denn wir werden unsere Liebe nicht leben können, ohne dauernd in Sünde zu leben.

Ich weiß nicht, wie es heute um deinen Glauben steht – ich aber, weißt du, ich will Gott nicht verlieren. Denn diese wie jede andere Bindung müßte immer wieder dazu führen, daß wir Gottes Gebote übertreten, und – –« Ja, das würde er ihm sagen müssen. Denn wenn sie die wirklich in jenem einen Kuß beschlossenen Konsequenzen zögen, dann würden sie die Sünde gleichsam auf Dauer stellen, institutionalisieren – ach, er wußte es. Er glaubte nicht an eine große Liebe, deren Zärtlichkeiten bei Küssen aufhören, immer und immer. Und welch eine Sinnlosigkeit wäre das auch – sagten doch die Theologen selbst ständig, daß der Mensch aus Leib und Seele besteht und daß der Leib nichts Verwerfliches ist. Hingabe, Liebe – das heißt sich ganz geben, das konnte unter Männern nicht anders sein als zwischen Mann und Frau. Nein, er konnte sich nicht vorstellen, daß die eine große Liebe, nach der er sich solange gesehnt und die er mit Claudes Namen bezeichnet hatte, schließlich aus einer Kette gemeinsam vollbrachter Sublimationen bestehen sollte. Das war unmöglich. »Ich will Gott nicht verlieren, ich will Gott nicht verlieren . . . Wohlan denn, unsere Fürsprecherin, wende deine barmherzigen Augen zu uns, und nach diesem Elend zeige uns Jesus, die gebenedeite Frucht deines Leibes, o clemens, o pia, o dulcis Virgo Maria.« Aber wie Martin auch betete, alsbald schob sich mit dem einschläfernden Rhythmus der Räder wieder das Bild Claudes in sein Bewußtsein, wie er auf Martin zukäme und ihm jenen einen Kuß gäbe.

Martin sagte sich, daß er kaum so dringend zu beten brauchte – der Augenblick dieses Kusses würde ja nicht kommen. Claude liebte Mädchen, hatte mit Mädchen geschlafen, schlief vielleicht häufiger denn je mit Mädchen. Oder nicht? Und selbst wenn – hatte man nicht oft genug Geschichten gehört über junge Männer, die dann und wann mit Mädchen schliefen und doch in Wahrheit auf etwas Anderes warteten, und vielleicht nicht nur warteten? Und von neuem ging Martin all die Sätze durch, die Claude in diesem oder jenem Moment gesprochen, in seinen wenigen Briefen geschrieben hatte, die Sätze, die Martin schon so oft hin- und hergewendet, an die er sich geklammert hatte. Und war es nicht vielleicht auch gerade Religiosität, die Claude hinderte, seinen wahren Charakter – und das hieß: seine Liebe – zu offenbaren? O nein, ganz ausgeschlossen, ganz unmöglich war jener Kuß nicht.

Aber wenn jener Kuß dann zugleich das Ende sein mußte – warum saß er jetzt in diesem Zug nach Reims? War die Reise nicht unter jedem Blickwinkel sinnlos, konnte sie, ganz gleichgültig was sie bringen würde, etwas anderes bringen als Qualen, wiederbelebte alte oder frischgeborene neue Qualen? Warum war er nicht zu Hause geblieben? Warum ließ er sich von dieser Sehnsucht treiben? Wäre es schlimmstenfalls nicht besser gewesen, er hätte irgendwo in der Stadt einen Jungen gefunden und mit dem rasch irgendein Unvermeidliches getan, eine kurze Sünde, statt hier ohne Disziplin seinen Träumen nachzujagen, unsinnigen Qualen oder schrecklichen Versuchungen? Statt hier zu dem einen Mann zu fahren, den er liebte, den er liebte, wie er nie jemanden geliebt hatte, diesem einen mit den großen braunen Augen, den schmalen nach oben gebogenen Brauen, dem leicht geschwungenen Mund, der so gut lachen konnte, zu diesem einen, Claude – Claude –.

Gegen Mittag kam der Zug in Reims an. Claude stand auf dem Bahnsteig, mit großen energischen Schritten eilte er auf Martin zu. Sie begrüßten sich, Claude sah ihm forschend ins Gesicht: »Du siehst aus wie immer«, sagte er. »Hast du das Photo gekriegt, das ich dir neulich geschickt habe?«

118

fragte Martin. »Natürlich«, antwortete Claude, »warum hast du es geschickt? Hast du gedacht, ich würde dich nicht mehr erkennen?« Er hatte Martin die Tasche abgenommen, so gingen sie nebeneinander den Bahnsteig hinunter.

Hast du mir ein Hotelzimmer besorgt?« fragte Martin. »Nein«, sagte Claude, »es gibt jetzt so wenig und sie sind sehr teuer. Du kannst mit in meinem Zimmer wohnen.« Hitze stürzte durch Martins Leib, sein Herz bebte, er konnte nichts sagen, er nickte. Erst nach einer kleinen Weile sagte er, so ruhig und unbefangen als möglich: »Hoffentlich störe ich dich nicht.«

Das Zimmer war klein, vollgestopft mit billigen Möbeln, die nicht zueinander paßten, mehrere halbleere Koffer standen offen umher, dazwischen türmten sich Zeitungen und Zeitschriften. In der Mitte stand eins jener Betten, die man in Deutschland anderthalbschläfrig nennt.

Sie stellten die Tasche ab, dann gingen sie zusammen wieder hinunter, um sich etwas zu essen zu kaufen, Brot, Käse, Ölsardinen, Milch. Dann ließen sie sich in den wackligen Korbsesseln nieder, kauten, redeten. Claude erklärte Martin die Ziele einer neuen katholischen Sozialbewegung, die besonders die Jugend begeistere, zeigte ihm die Zeitschrift der Gruppe. Mit halbem Ohr hörte Martin zu – er wollte ihn nur ansehen, diesen einen Claude, der nicht wußte, daß er *sein* Claude war, mit dem er eigentlich lieber anderes geredet hätte, von dem er eigentlich nur drei Worte, die drei Worte, erwartete, die drei Worte, die Claude ihm in Ewigkeit nicht sagen würde.

Sie gingen in die Stadt hinunter. Claude zeigte ihm einige Kirchen, alte Plätze, sie tranken Kaffee. »Wann willst du heiraten?« fragte Claude. »Ich weiß nicht«, antwortete Martin, »vielleicht gar nicht.« »Wir sind noch jung, nichtwahr«, sagte

Claude. »Aber nicht zu jung.« »Sicher«, sagte Martin und sah den Freund an, »und du? Wirst du bald ein braver Ehemann sein?« Claude lachte. »Vielleicht«, sagte er, »vielleicht, aber vielleicht auch nicht so bald. Manchmal glaube ich, ich kenne zu viele Mädchen, Frauen, dann weiß man nicht —« Martin nickte. »Ich laß mir Zeit«, sagte er nach einer kleinen Weile, und Claude lachte und rief: »Oh mon petit Martin!« Und als sie das Café verließen, legte er seinen Arm um Martins Schulter.

Claude schlug vor, ins Kino zu gehen, und so gingen sie ins Kino. Danach erzählte Claude etwas von einem katholischen Jugendklub, dem er zwar nicht angehöre, aber wo er ein wenig mitmache, zumal die jungen Leute dringend manche Hilfe brauchten. Außerdem könne man dort billig essen, und ob Martin etwas dagegen hätte, wenn sie dorthin gingen? Martin wußte nichts Besseres vorzuschlagen, und so verbrachten sie den Abend in einer Schar munterer junger Leute, von deren Französisch Martin wenig verstand. Indessen rückte langsam der Augenblick näher, da sie zu Bett gehen würden.

Die Lampe, die in dem kleinen Zimmer hing, bestand aus einer dicht unter der Decke baumelnden schwachen Glühbirne. Sie waren beide müde, als sie dorthin zurückgekehrt waren. Claude räumte die Reste ihrer Mittagsmahlzeit in eine Ecke, nahm irgendwelche Kleidungsstücke von dem Bett, warf sie über einen Stuhl. Unschlüssig stand Martin daneben – sollte er beginnen sich auszuziehen? Er ging noch einmal hinaus auf die Toilette; als er zurückkam, lag Claude schon im Bett. Er trug einen dunkelrot und grau gestreiften Schlafanzug, der am Hals weit auseinander fiel und seine gesunde braune Haut sehen ließ. Martin wandte sich um und zog sich aus; Claude hinter ihm gähnte und seufzte laut und schien schon im Begriff einzuschlafen. Würden sie also nicht mehr miteinander reden, keine dieser halblauten Gespräche im Dunkeln führen?

Martin machte das Licht aus, dann legte er sich unter die andere Hälfte der Decke. »Bonne nuit!« sagte Claude gähnend, und »Bonne nuit!« erwiderte Martin, indem er dem Freund einen leichten Klaps auf die Schulter gab, und die Wärme des Fleisches unter dem dünnen Stoff brannte in seiner Hand. Kaum eine Minute später war Claude eingeschlafen.

Martin versuchte, sich auf sein Abendgebet zu konzentrieren, und mit stummen Lippenbewegungen formulierte er die Gebete, die er sonst kniend zu verrichten pflegte, bevor er zu Bett ging. Er war froh, als er sein letztes Amen gesagt hatte, denn die Wärme des Körpers neben ihm schlug in Wellen gegen seinen eigenen Leib wie ein Brand. Nun aber, da sein Gebet zu Ende war, da richtete sich seine ganze Aufmerksamkeit auf diese Wärme, und die Temperatur unter der Decke schien ihm ins Unerträgliche zu steigen. Claude atmete ruhig und leise. Ein, aus. Claude schob sich im Schlaf eine Hand unter den Kopf. Claude drehte sich vom Rücken auf die Seite, auf die abgewandte Seite, und zog Martin dabei ein Stückchen der Decke weg. Claudes Stimme bildete ein halbes Wort, Claude räusperte sich, Claude atmete wieder wie vorher, ein, aus. Martin wollte einschlafen und konnte es nicht. Da lag neben ihm, keine fünfundzwanzig Zentimeter neben ihm, der eine Mann, dieser so sehr geliebte Claude, lag da unter derselben Decke, lag da, Ziel seiner Sehnsüchte, Inhalt seiner Träume und Hoffnungen, dieser eine Claude, dieser eine, den er liebte, lag da – schlief. Man brauchte nur die Hand zu heben, und sie lag auf dieser Brust, brauchte nur den Arm ein wenig zu strecken, und sie lag in seinem

Schoß, man brauchte nur ein wenig hochzukommen und sich über ihn zu beugen, und man konnte den Schlafenden küssen. Lag da. Schlief. Claude veränderte seine Lage, und die Oberfläche seines rechten Fußes geriet unter Martins linke Sohle, blieb dort, berührte sie nicht. Und Martin wußte nicht, ob er selbst sich ein wenig streckte oder ob Claudes Fuß die zwei oder drei Millimeter noch wanderte, er wußte nicht wieviel Zeit dabei verstrich, bis seine Sohle endlich ganz fest an Claudes Fuß lag. Und wenn Claude vielleicht gar nicht schlief? Wenn dies vielleicht seine Absicht war, ein Versuch, um herauszubekommen, ob Martin sich der Berührung entziehen würde? Der Schlaf nur Täuschung, damit es notfalls eine Entschuldigung für diese Berührung gab? Und war dies dann vielleicht der Augenblick, der Augenblick, der jenem einen oft geträumten Augenblick voranging, da sie beide einander halten und die drei Worte sagen und gemeinsam irgendwohin abstürzen würden? Martin drückte seine Sohle kräftiger gegen Claudes Fuß, und ohne daß das Geräusch des Atmens irgendeine Unregelmäßigkeit erfuhr, zog der schlafende Freund seinen Fuß ein Stück beiseite.

»Und nie!« dachte Martin, wie er schon so oft gedacht hatte. Und doch, als ein oder zwei oder drei Stunden später Claudes Ellbogen sich gegen seinen Unterarm legte, begann er von neuem für möglich zu halten, daß Claude seinerseits nun jenen Augenblick für gekommen hielt oder seinerseits herausfinden wollte, ob dieser Augenblick je kommen könnte.

Hinter den Vorhängen wurde es langsam heller, da erst begann Martin einzuschlafen. Aber auch dann noch ließ ihn jede Bewegung des Freundes von neuem hellwach werden. Doch Claude schlief. Lag da. Schlief.

Endlich war auch Martin so fest eingeschlafen, daß er

erst erwachte, als Claude schon mitten im Zimmer stand, die Schlafanzugjacke mit einer Hand in der Luft herumwirbelte und mit einem Lächeln, von dem Martin glaubte, daß er es sein Lebtag nicht vergessen würde, sagte: »Bonjour, mon petit!« Glück durchströmte Martin – drei, vier Sekunden lang, bis ihm all die Nachtstunden einfielen, die hinter ihm lagen. Und er starrte Claudes nackten Oberkörper an, den lose fallenden Stoff der Schlafanzugshosen, dann endlich sagte auch er Guten Morgen.

Sie gingen zur Messe. Martin wollte Gott danken, daß Er ihn in dieser Nacht vor einer Versuchung, vor kaum lösbaren Konflikten bewahrt hatte, aber so oft er es während des Gottesdienstes auch versuchte, er brachte es nicht über sich, ohne zu lügen.

Später sahen sie die Kathedrale an, und Claude zeigte ihm den lächelnden Engel rechts oben am Portal: »Ich glaube«, sagte Claude, »so lächelt ein guter Mensch. Das ist wirklich ein Lächeln von Gott, und ganz voll Freiheit, n'est-ce pas?«

Nach dem Mittagessen bummelten sie ein wenig durch die Stadt. Dann besichtigten sie eine der berühmten Sektkellereien, tranken Café noir, sahen auf einem Volksfest allerlei Tanzgruppen zu. Gegen Abend kehrten sie noch einmal in Claudes Zimmer zurück, um Martins Tasche zu holen, und Martin fiel ein, daß er dieses Zimmer, aus dem sein Freund bald ausziehen würde, jetzt zum letzten Mal sah, zum letzten Mal in seinem ganzen Leben.

Sie gingen zum Bahnhof, und sie wußten beide nichts Rechtes mehr zu sagen. Nur darüber sprachen sie noch und waren sie sich einig, daß sie sich irgendwann einmal länger sehen müßten, ja daß sie am liebsten einmal zusammen in die Ferien reisen würden.

Der Zug fuhr ab, fuhr nach Osten, in die Dämmerung, in

die Nacht. Das Abteil war leer. Martin hätte gerne geweint, aber er konnte nicht.

Ein paar Wochen später schrieb er Claude einen Brief, in dem er ihm noch einmal sagte, wie schön er den kurzen Besuch gefunden habe. Statt einer Antwort kam drei Monate darauf eine Heiratsanzeige von Claude, und da erst gab Martin auf. Freilich, auch wenn er die beiden später besuchte, gab es manchmal Augenblicke, wo ihn sekundenlang die alte Liebe, die alte Hoffnung durchfuhr und ihm sagte: »Vielleicht wäre es doch beinah möglich gewesen – ist vielleicht auch jetzt noch nicht ganz unmöglich, trotz der beiden Kinder da.« Aber er wußte wohl: es war unmöglich.

Seit Eberhard die Brüder Klaus und Dieter Westphal kannte, erschien ihm die Welt in einem anderen Licht. Die Zwillinge waren gut ein Jahr älter als er und große, auffällig hübsche Burschen. Ihre Schönheit hatte etwas Exotisches – »Bei euch ist mal ein Neger durch die Familie gewandert!« sagte Eberhard, und diese Feststellung bezog sich vor allem auf ihren Mund und die kräftigen Backenknochen. Ihr Haar war dunkel und voll, und ihre großen Augen leuchteten in einem tiefen Blau. Die Augen waren es denn auch gewesen, die es Eberhard vor allem angetan hatten, als er Klaus zum erstenmal gesehen hatte. Das war nun zwei Monate her. Inzwischen liebte er Klaus, wie er noch niemanden geliebt hatte, und es schien ihm das eigentliche Wunder seines Lebens zu sein, daß Klaus ihn wiederliebte. Die Zwillinge wohnten in einer kleinen Stadt, die fast zwei Stunden entfernt war, und sie konnten mit Rücksicht auf ihre Arbeit und auf die Verwandten, bei denen sie lebten, dort nicht wegziehen. Aber zum Wochenende kamen sie jetzt fast immer herüber, und vor vierzehn Tagen hatten sie eine ganze Ferienwoche bei Eberhard zugebracht.

Dieters große Liebe war ein verheirateter Mann namens Manfred Lehnig, und es war nur natürlich, daß Eberhard und Manfred sich miteinander anfreundeten.

»Du mußt dir vorstellen, Eberhard«, sagte Manfred, »du mußt dir vorstellen, was das alles bedeutet! Natürlich merkt meine Frau schon, daß irgendwas nicht stimmt, daß ich in gewisser Weise auch dann nicht zu Hause bin, wenn ich zu Hause bin. Klar, ich denke ja immer bloß an Dieter, sehne mich nach ihm. Und es ist für mich soviel schwieriger, mal mit ihm zusammen zu sein – o wie ich dich beneide!«

»Manchmal frage ich mich ja«, sagte Eberhard, »warum du überhaupt geheiratet hast. Ob das nun besonders klug war –« »Mehr als sechs Jahre ist es ja gutgegangen!« sagte Manfred. »Schön, dann und wann eine Kleinigkeit, aber doch nichts Ernsthaftes. Bis mir jetzt dieser Knabe über den Weg lief! Als ich meine Frau kennerlernte, da war sie der erste Mensch, der mich liebte als den, der ich war, ich meine: ohne Hintergedanken, ohne Nebenzweck, uneigennützig. Bis dahin war ich immer bloß ausgenutzt worden, von Verwandten und Vorgesetzten und Freunden aller Art. Und da hab ich sie geheiratet!« »Das kann ich gut verstehen«, sagte Eberhard, »aber ganz einfach ist das natürlich nicht, jedenfalls jetzt. Hat sie denn je erfahren, daß du derartige Neigungen hattest oder hast?« »Sicher, sie wußte, daß ich mit einem Freund zusammenlebte bzw. zusammengelebt hatte, und sie wußte wohl auch, welcher Art dieses Zusammenleben gewesen war. Sie hat das teils von anderen, teils von mir selbst erfahren. Jedenfalls, als wir uns kennenlernten, war das schon mehr als ein Jahr her, und sie dachte wohl, es wäre vorbei. Ich meine: diese ganze Angelegenheit, ich und Männer und so. Und wenn ich von den gelegentlichen Kurzschlüssen absehe, wo ich mal mit irgendnem Burschen in ein Bett stieg, dann *war* es ja auch vorbei. Du kannst mir glauben, die Angelegenheit hat mir seit meiner Hochzeit eigentlich kein Beschwer gemacht, und nicht im Traum wäre mir eingefallen, daß ich mich nochmal so lächerlich, so Hals über Kopf in einen Jungen verlieben könnte, wie ich das jetzt getan habe. Ich weiß nicht, was daraus werden soll, schrecklich. Ich kann doch nicht meine Familie ruinieren, ich habe eine so nette Frau, die ich wirklich gernhabe, und so nette Kinder, wahrhaftig süße Blagen, du wirst sie ja nächstens sehen. Aber ich weiß nicht, wie ich jetzt da rauskommen soll, ich bin ja verrückt vor Sehnsucht nach Dieter. Und einfach zu sagen: Schluß! – das kann ich einfach nicht, das brächte mich um. Ach, ich möchte nach Australien gehn! Ich hoffe ja nur, daß dies alles sich von allein wieder auflöst, daß diese Liebe wieder geht, wie sie gekommen ist. Ich meine – eigentlich hoff ich es natürlich nicht, aber – also du verstehst schon. Aber daß mir das nochmal passieren mußte!« Er schüttelte den Kopf, etwas wie Verzweiflung glitt über sein Gesicht, auf einen Zug trank er sein halbes Whiskyglas aus.

Sie schwiegen. Nach einer Weile sagte Eberhard: »Sei froh, daß es wenigstens ein anständiger Junge ist. Keiner, der je irgendwelche Schwierigkeiten machen würde, nicht verstehen könnte, wenn du eines Tages sagtest: es geht nicht, dich verfolgen würde oder gar damit drohen würde, dich bei deiner Frau zu verpetzen, oder es womöglich wirklich täte.« »Auch ein Trost!« sagte Manfred resignierend. »Allerdings, ganz unrecht hast du natürlich nicht. Mensch, wenn ich denke, wie mich früher, als ich bei meinen Eltern wohnte, so als junger Mann – wie mich da die Angst vor Erpressungen verfolgt hat! Gar nicht mal so Erpressungen mit der Drohung, alles der Polizei zu sagen – aber den Eltern, den Vorgesetzten, irgendwem! Ich weiß, einmal waren meine Eltern verreist, und ich hatte aus 'nem Pissoir einen einigermaßen netten jungen Mann mit in die Wohnung genommen. Wie er mit mir im Bett lag, stellte sich heraus, daß er wenigstens ein bißchen Geld haben wollte. Da war das Vergnügen natürlich schon hin. Na gut, nachher ging er, ich ließ ihn aus der Tür, er die Treppe runter. Ich machte die Tür zu und guckte noch einen Moment durch den Spion – da kam er leise die Treppe wieder rauf, einen Zettel und einen Stift in der Hand, und liest unser Türschild, wollte sich den Namen aufschreiben. Als ich die Tür aufriß, lächelte er bloß so und marschierte wieder runter. Da hab ich doch wochenlang Angst gehabt, was das geben sollte. Aber ich sage dir, das sind diese Typen, die man auf den Pissoiren kennenlernt und sich dann für 'ne Sekunde blenden läßt!«

Eberhard war ganz froh, daß er Manfred von dem so schwierigen Thema seiner Ehe und seiner Liebe zu Dieter abgelenkt hatte, und erzählte seinerseits Geschichten von Pissoiren und Strichjungen und Drohungen; Manfred fielen wieder andere ein, dann erzählte wieder Eberhard. »Mensch, das war überhaupt das Schlimmste«, sagte er, »damals, als nachts das Ding auf dem Petrimarkt noch offen hatte. Es war so gegen zwei Uhr, ich ging hinunter, stellte mich da hin. Drei oder vier Leute außer mir waren noch da, taugten aber alle nichts, schielten alle hin und her, gingen. Dann kam einer, wahrscheinlich ein Normaler, blieb bloß ganz kurz, ging. Ich wollte noch nicht aufgeben, es kam wieder einer, dann ein zweiter, beäugten sich, zogen zusammen ab. Dann kam wieder ein Normaler, dann nix mehr. Kein Aas. Ich war so müde, hatte mich irgendwie in die Vorstellung verbissen – vielleicht kennst du das –, es muß sein, es muß sein. Schritte auf der Treppe, aha, ich seh mich um, es sind zwei, gehen direkt auf mich zu. ›Sagen Sie mal‹, sagt der eine, ›Sie sind aber schon ziemlich lange hier unten! Kommen Sie mal mit rauf!‹ Und der andere – nie werde ich das vergessen! – der andere zog, bloß so zur Warnung, zog ein Paar Handschellen aus der Tasche! Leichter Klang von Metall, gelbes Blinken. Bedeutungsvoller Blick, dann steckt er das Ding wieder ein, ich zwischen den beiden Männern die Treppe rauf. Fast ging 'ne Art Triumph durch mich hindurch: Dahin mußte es ja kommen, mal mußte es so weit sein, daß dies ganze Maskengebäude zusammenbrach und ich im Gefängnis landete! Oben sagten die beiden Kriminalbeamten: ›Wir reden wohl besser da drüben!‹, und wir gingen ein Stück vom Petrimarkt weg, weil da noch ein paar Leute auf eine letzte Bahn warteten. ›Sie haben mehr als zwanzig Minuten da unten gestanden‹, begann der eine, ›warum?‹ Er hatte recht, es war sicher 'ne halbe Stunde gewesen. Übrigens waren die beiden so zwischen fünfundzwanzig und fünfunddreißig, schätze ich, älter als ich jedenfalls, es ist jetzt ja schon sechs oder sieben Jahre her. Ich sagte: ›Ich war in 'ner Kneipe und hab zuviel getrunken, das ist mir irgendwie auf die Blase geschlagen.‹ ›In was für 'ner Kneipe denn?‹ Ich nannte sie, die Sache stimmte, ich war vorher in 'nem ganz normalen Lokal gewesen. ›So. Und darum müssen Sie da unten stehn. Leugnen macht nichts besser, Sie können sich durch Ehrlichkeit manche Schwierigkeit ersparen. Geben Sie mal Ihren Ausweis her!‹ Ich hatte keinen Ausweis. ›So, auch das noch‹, sagt er. ›Dann sagen Sie mal Ihren Namen und Adresse!‹ Ich tat das. Er: ›Weiß eigentlich Ihr Vater, was Sie nachts hier so treiben, all diese Geschichten?‹ Ich: ›Nein‹. Weißte, er tat jetzt so halb auf die Väterlich-Strenge. ›Und was würde er sagen, wenn er das alles wüßte?‹ ›Na, er wäre entsetzt‹, sagte ich. Ach, ich war so dumm, meine Antworten so kindlich-ehrlich – blöd, ich könnte mich heute noch dafür anspucken. ›Mhm, dann geben Sie uns jetzt 'ne Buße fürs Rote Kreuz, dann ist die Sache für diesmal erledigt. Aber lassen Sie sich nicht wieder hier sehen – Sie stehen jetzt in unserer Kartei, also –. Komm, Gustav, schreib ihm 'ne Quittung über zwanzig Mark!‹ Ich war froh, daß ich zwanzig Mark bei mir hatte, gab ihnen das Geld, empfing die Quittung, aus. Mensch, mit weichen Knien schlotterte ich davon. Die Quittung versteckte ich zu Hause, und erst eine Woche später sah ich sie an. Es war 'ne ganz gewöhnliche Blanko-Quittung, ohne Aufdruck, ohne Stempel, bloß dies ›Von –

für – empfangen zu haben‹ etcetera, statt Unterschrift ein paar Haken, eingetragen ›Zwanzig Mark‹ und ›§ 175, Paßvergehen‹. Da dämmerte es mir langsam, daß ich auf zwei außerordentlich geschickte fixe Jungen reingefallen war, die sich mit dieser Methode ein bißchen Geld beschafften, vielleicht zur Hauptsache einen Spaß machten. Aber das waren schlimme zehn Minuten da im Mondschein. Und vorher die Handschellen – – –! Nee.«

So erzählten sie eine Weile hin und her, bis Manfred schließlieh sagte: »Mensch, ich muß los. Ich will meine Frau nicht mit dem Abendbrot warten lassen, ich bin in der letzten Zeit oft genug nicht da. Ach, und immer diese Vorwände, immer diese Lügen! Gräßlich, auf die Dauer halt ich das nicht aus!« Er zog seinen Mantel an, sie verabredeten sich für ein gemeinsames Kaffeetrinken mit den Zwillingen am Samstag, dann ging er fort und fuhr nach Hause.

Eberhard machte das Licht aus und legte sich in dem abenddunklen Zimmer auf sein Bett. Er dachte an Klaus, hatte Sehnsucht nach ihm, versuchte, ihn sich vorzustellen. Er dachte an Manfreds verworrene Situation, an die beiden kleinen Kinder. Er dachte an alle diese Geschichten mit Strichjungen und ohne Strichjungen, Gesträuch, Zimmer, Pissoire. In wieviel solchen Pissoiren hatte er sich nicht schon herumgetrieben! Unter der Erde, über der Erde, große Pissoire, kleine Pissoire, hellgekachelte Wände, mit Teer bestrichene Wände, runde Becken mit Trennwänden, eckige Becken, keine Becken, keine Trennwände, winzige rote Backsteinhäuschen, schwarze Blechhütten, Bahnhofstoiletten, Straßenpissoire in Paris, wo man von außen die Fußpaare zählen und oben durch die Lochmuster im Blech vielleicht schon ein Gesicht sehen kann, angerostetes Emailleschild »Bedürfnisanstalt« von Kiel bis München, Mittag, Nachmittag, Abend, Nacht, Morgendämmer, Pissoire an Brücken, Pissoire zwischen drei Stadtbäumen, sinnloses Herumstehen in leeren Vorortpissoiren, aufgeilende Lektüre eingekratzter Inschriften, Pissoire, die nach nichts als Urin stinken, Pissoire mit Desinfektionsgeruch, Pissoire mit Wärtern, Pissoire mit Wärtern hinter der Tür, Pissoire ohne Wärter, Pissoir, in dem die Lampe kaputt ist und in dem es von Männern wimmelt, die alle nacheinander greifen, ohne sich zu sehen, die einander betasten und aneinander hantieren, schwacher Lichtschein von der Tür her, Verdammte in einer Höhle, Pissoir, in dem niemand mehr ist und in das niemand mehr kommen wird, Pissoir, in dem früh um vier ein älterer Mann seine Hose herunterläßt und sich das Glied des einzigen, der außer ihm dort noch rumsteht, in den After schiebt, Pissoire, in denen nasses Laub liegt, Pissoire, in denen trockenes Laub umherwirbelt, Pissoire, in denen das Wischtuch des Wärters den Stehenden um die Füße fährt, Pissoire mit schwachem gelbem Licht, Pissoire mit weißem Licht, Pissoire mit Vorräumen, Pissoire, wo alle nebeneinander stehen, Pissoire, wo man sich umdrehen muß, Pissoire, von denen man mit jemandem nach Hause ging, Pissoire, von denen man mit jemandem hinter einen Bauzaun ging, Pissoire, wo man mit jemandem blieb, Pissoire, wo man niemanden fand, Pissoire in Neapel, in Osnabrück, in Köln, in Ulm, in Lyon, in Brüssel, in Stuttgart, in Mannheim, in Paris, in Hamburg, in Augsburg, Pissoire, Pissoire, Pissoire, wo Männer hinkommen und stehen und hinsehen zu dem andern und hinlangen und wieder fortgehen, allein, zu zweit, Pissoire, Pissoire . . .

Eberhard riß die Augen auf. Nein, er hatte Glück gehabt. Dieses alles war, seit er Klaus kannte, für immer vorbei.

ROBERT, DER BESITZER des Monokel, hatte mal wieder einige Veränderungen in seinem Lokal vorgenommen. Die breite Goldleiste, die bisher die zartgrüne Stofftapete zur Decke hin abgeschlossen hatte, war abgenommen worden; statt ihrer lief jetzt eine sich bauschende Bahn dunkelroten Stoffes an der Decke entlang. Die Decke selbst hatte Robert dunkelgrau und in dem sogenannten Barraum violett streichen lassen. Auch ein paar neue Spiegel hatte er aufgehängt; auf dem Wandvorsprung hinter dem langen Tisch stand jetzt eine Bronzefigur, die wohl einmal als Sporttrophäe gedacht gewesen war und einen sich reckenden nackten Athleten darstellte; die Wand gegenüber war mit einem großen Ölgemälde geschmückt worden, auf dem ein halbwüchsiger Zigeuner mit völlig zerlumpten Kleidern schön und melancholisch die Gäste des Monokel musterte, die ihrerseits die Stellen beäugten, an denen seine zerrissene Kleidung das feste braune Fleisch sehen ließ. Ein paar Schritte weiter hingen drei Stiche, die etwas gespreizte Dandys aus dem fin de siècle zeigten.

»Robert, wo hast du den Zigeuner aufgetrieben?« »Sowas fiel mir noch nie schwer!« Robert war groß und für seine sechsunddreißig Jahre zu fett; die spärlichen dunklen Haare hatte er sich über seinen roten Kopf nach vorn ins Gesicht gekämmt; unter den Augen lagen tiefe Schatten, seine Lippen waren schmal und unfroh und kontrastierten seltsam mit dem fleischigen Gesicht. Robert trug immer Pullover, nahezu jeden Abend einen anderen. »Du solltest dem Zigeuner einen von deinen vielen Pullovern schenken, der friert doch!« »Bei soviel warmen Leuten friert keiner, der auch nicht.« »Im Gegenteil, er ist doch selber heiß! Kuck dir doch an, wie er da die Hand in der Hosentasche hat!«»Aber stinknormal!«»Hast du ihn gefragt? Hol ihn doch mal da raus!«»Wen? Den er in der löchrigen Hose hat?«»Ha ha, den Jungen aus dem Bild, du dummes Weib!«

Die Männer drängten sich im Monokel, wie zum Wochenende immer. Die Luft war voll Rauch und Parfüm, der Schallplattenautomat spielte unentwegt laute sentimentale Lieder, und wenn jemand den Apparat auch nur um ein weniges leiser drehte, so würde die Musik sofort von dem Reden der Gäste übertönt. »Darf ich Ihnen Feuer geben?« »Danke.« »Ich habe Sie hier lange nicht gesehen.« »Nein, ich gehe nicht oft her. Ich wohne auswärts, das ist alles sehr schwierig mit meinen Eltern. Aber ein schönes Armband haben Sie da. Liebe?«»Nee, gewesen. Man wird eben langsam älter.« »Ich schätz Sie auf achtundzwanzig.«»O, Sie wollen mich kränken – siebenundzwanzig.«»Also nicht *so* schlecht geschätzt. Was glauben Sie, wie alt ich bin?«»Na, vierundzwanzig.« »Beinah.« »Also fünfundzwanzig?« »Dreiundzwanzig.«»Aber Sie haben einen ganz erfahrenen Gesichtsausdruck.«»Hahaha, was eine gewisse Praxis ist – ich bin ja auch schon zehn Jahre dabei.« »Schwerenöter, wie? Ich war fünfzehn, als ich angefangen hab. Auch früh genug. Aber dreizehn –«»War manchmal ganz schön aufregend. Mensch, manchmal in der Schule hab ich während der Stunde was unter die Bank rollen lassen, 'nen Bleistift oder sowas, bloß damit ich runtersteigen konnte und meinen Vordermann so 'n bißchen an die Hose greifen konnte, da von unten. Das warn Zeiten!«»Wußten Sie damals schon richtig, daß Sie so waren?«»Ja, hab 's mir gedacht. Und ob Sie 's glauben oder nicht, es war mir egal.« »Mir auch, bloß meinen Eltern nicht.« »Wissen die etwa –?«»Mein Vater nicht, meine Mutter ja.« »Was? Meine Eltern würden tot umfallen oder mich rausschmeißen oder beides, wenn sie 's wüßten! Da darf ich gar nicht dran denken!«

An der Theke sitzt ein abgearbeiteter Mann in den späten Dreißigern, ein kleiner Angestellter, und erklärt seinem Nachbarn, einem Damenfriseur von Anfang Vierzig: »Wenn die Leute sagen, das ist was Negatives, das ist einfach nicht wahr. Die Geschichte hat ja soviel Gegenbeispiele, das weißt du ja auch. Friedrich der Große zum Beispiel, oder Prinz Eugen, na, oder Michelangelo. Ja, überhaupt so viele ganz Große!« »Besonders schöpferische Menschen, Künstler und so. Also ich bin kein Künstler, aber in meinem Beruf ist doch auch allerlei zu gestalten, Phantasie und Fingerspitzengefühl – nicht umsonst gibt 's unter den Damenfriseuren so viele Tanten! Und in all diesen künstlerischen Berufen.« »Auch bei den Schriftstellern.« »Klar, siehe Oscar Wilde. Na, und die Schauspieler und die Tänzer erst recht, also das ist klar.« »Weil es eben 'ne andere Art ist. Mit übertrieben männlich kommt man da gar nicht weiter. Diese sogenannten Normalen sollten froh sein, daß es uns gibt!« »Sag mal, kennst du die da drüben?« »Die lange mit der karierten Jacke? Warum?« »Die sah eben so her, als ob sie dich vor Liebe auffressen wollte.« »Das blöde Aas. Mit dem hab ich vor 'n paar Monaten mal gepennt, seitdem kuckt er mich immer so an und will mit mir reden und so. Mir hat das eine Mal gereicht, ich tu natürlich, als kenne ich ihn nicht.« »Manchmal hast du aber auch 'n Geschmack –!« »So schlecht war der nich, ich meine, aber wo kommt man denn hin!« Ein Dritter, etwas jünger als sie, gesellt sich zu ihnen. »Hallo, Schwestern, so vertieft in ernste Gespräche? Löst wohl Probleme, was? Ich muß euch was erzählen. Ihr kennt doch Jumbo?« »Dieses ordinäre reiche Roß? Das ist doch die widerlichste Schwuchtel, die es gibt, wenn ich dieses Trampeltier mit seinen Brillanten

schon sehe! Hast du den mal gesehen, wenn er besoffen ist?«
»Dann rempelt er jeden an und packt ihn am Kragen und
will mit ihm ins Bett.« »Und ich versteh gar nicht, manchmal
hat der wirklich nette Jungens bei sich – neulich zum Beispiel
diesen kleinen affektierten Spanier, na der war doch einfach
süß!« »Das will ich euch ja gerade erzählen. Der kleine Süße
hat ihm irgendwas in den Sekt getan oder was, jedenfalls,
Jumbo ist ganz schön eingeschlafen, dabei ist das doch ein
brutales starkes Vieh. Na, und der kleine Süße hat ihm die
halbe Wohnung ausgeräumt und ist verschwunden.« »Und?
Hat er der Polizei –?« »Du bist ja naiv! Ist doch unmöglich.
Meinste, der will hinter Gitter? Und bei seiner Stellung doch
völlig ausgeschlossen!«

An dem Tisch unter den Stichen sitzt eine Gruppe junger
Leute Mitte der Zwanzig – Dekorateure, Studenten, techni-
sche Zeichner. »Sag mal, dich hab ich doch gestern mit 'nem
Mädchen gesehen, was war 'n das für eine?« »Bist du etwa
eifersüchtig, Geliebte?« »Wenn ich deine Geliebte wäre, würd
ich mich umbringen. So weit werd ich doch nicht sinken.«
»Schrei nicht, du bist auch bloß 'ne ganz miese Tucke.«
»Zankt euch nicht, liebe Damen. Los Heinz, erzähl lieber,
was für 'n Mädchen –« »Ach nichts, 'ne Kollegin, auch Dekorateuse.« »Und das um Mitternacht? Viel Glück.« »Haste sie
denn ins Bettchen begleitet?« »Die?! Nee. Dafür ist sie mir
ein bißchen zu schmutzig. Also, wirklich, es kommt mir nicht
drauf an, wenn ein Mädchen nett ist, dann stell ich mich
nicht an, aber mit der – nee.« »Kuck mal die da drüben! Also
wenn der Robert den Laden hier zu 'nem Altersheim machen
will, können wir auch gleich in irgendne Greisenpension
marschieren.« »Und da kommt noch einer! Die sind doch alle
an die Fünfzig!« »Der mit der Glatze ist sechzig, da sage *ich*
dir.« »Gräßlich. Wenn ich mal so alt bin, werd ich mich doch

in der Öffentlichkeit nicht mehr zeigen.« »Und schon gar nicht so albern anziehen wie die mit der Zigarre – also wie die sich da in ihre Röhrenhosen quetscht und denn der Schal so keß, ei du Wilder!« »Ich will gar nicht so alt werden.« »Ich auch nicht. Spätestens mit Mitte Vierzig, dann reicht 's mir. Was haste dann denn noch vom Leben?« »Macht sich bloß jeder über dich lustig.« »Und schlafen tut auch niemand mehr mit dir, der was taugt.« »Aber es gibt auch welche, die stehen auf Älteren. Der Peter zum Beispiel, der hat doch immer Freunde von Dreißig, Vierzig, und der Erwin, der hat am liebsten welche über Fünfzig!« »Und für Geld kriegst immer noch 'n Jungen!« »Naja, das sind auch die richtigen. Haste nicht gelesen neulich von dem Kaufmann, der sich hier 'ne Wochenendwohnung genommen hatte, weil er in seiner Stadt zu bange war? Hat er einen aufgegabelt und ein paar Monate mit dem gemacht, dann gab 's irgendne Szene –« »Haben wir doch *alle* gelesen, hat der ihn mit 'ner kostbaren Vase oder sowas erschlagen.« »Haben sie den Burschen denn gekriegt?« »Ja, sicher, die Ringe seines Freundes hatte er noch in der Tasche.« »Dafür hatte der nun gezahlt. Ich sag ja, das ist es, was einen erwartet – und dafür soll ich alt werden? Nee danke.« »Und der war doch Mitte Fuffzig oder sowas, und in der Zeitung stand, seine Geschwister hatten keine Ahnung, daß er schwul war.« »Woher auch? Glaubst du, die Familie hört das mit Vierzig oder Fuffzig lieber als mit Zwanzig?« »Es könnte ihr doch mal egal sein.« »Denkste! Sicher, es gibt immer sowas. Also, einmal, da war ich mit einem mitgegangen, süßes Bürschchen, so neunzehn Jahre oder sowas, – morgens geht die Tür auf, kommt seine Mutter rein, nickt uns im Bett freundlich zu und sagt: ›War 's schön?‹ Das war ja auch 'n Gefühl!« »Also dann macht 's ja schon fast keinen Spaß mehr!« »Du findst es wohl bloß schön, weil es gefährlich ist oder nicht normal und so?« »Red doch keinen Quatsch. Wär es dir denn lieb, angenommen du wärst normal und hättest ein Mädchen mit, wenn dann deine oder ihre Mutter reinkäme und sagte: ›Na, war 's schön?‹« »Siehste, wie der alte Bock mit der Zigarre jetzt um den Fritz dahinten rumscharwenzelt? Das ist doch eine blöde alte Ente!«

Der mit der Zigarre geht auf den blonden Fritz zu und sagt: »Was trinken Sie?« »Im Augenblick gar nichts.« »Willi, bring mal zwei Kognak!« »Sehr wohl, gnädige Frau, zwei Kognak.« »Ich hoffe, nicht für mich. Ich trinke keinen Kognak.« »Sondern?« »Ich sagte Ihnen ja, ich trinke im Moment gar nichts. Ich weiß überhaupt nicht, was Sie wollen!« Und der Blonde dreht sich auf dem Absatz herum und geht durch das Gedränge an das andere Ende der Theke.

Es wird immer noch voller im Monokel. »Schwesterchen, ich dachte, du lebst nicht mehr!« Ein Mann von Anfang Dreißig fällt einem Neuankömmling um den Hals; der andere, der wohl zehn Jahre älter ist, nimmt geschmeichelt ein paar Küsse entgegen. Robert sieht mahnend herüber, eigentlich ist derlei nicht gestattet. Nun legen sie sich zu viert die Arme um die Schultern, sehen den Neuankömmling an: »Wo hast du gesteckt?« »Erst war ich in Urlaub, da lernt ich einen kennen – hach, Zucker, sage ich euch, und ein Ding, also so!« »Angeber!« »Na und zu dem bin ich immer hin und dann war er mal ein paar Tage bei mir und so, das ging ein Vierteljahr. Dann kam er mal mit zwei Freunden an, da haben wir 's zu viert getrieben, also das pumpte mich so richtig herrlich aus.« »Schwein!« »Na, und eines Tages war es eben vorbei. Dann war ich ein paarmal in der Sauna Müller- straße, aber sonst nichts.« »Was für 'ne Sauna?« »Man merkt, du bist noch nicht lange hier! Er sagt doch: Müllerstraße. Da mußte mal hingehen!« »Nichts als Tucken, daß du das noch nicht gehört hast!« »Aber viel Alte, was?« »Ach, du immer mit deinen Jungen. Es gibt auch ganz nette Junge da.« »Aber auch viel Alte, das ist wahr. Wenn da einer zu aufdringlich wird, muß man eben ein Stück weiterrücken, das ist doch kein Problem.« »Geht 's denn da so öffentlich, also –?« »Naja, so ganz natürlich nicht, kommen ja auch mal Normale und so, und der Inhaber ist auch normal. Man muß schon aufpassen, klar.« »'n paar hat er schon rausgeschmissen.« »Ja ja. Aber man kuckt so 'n bißchen, dann stößt man den Nachbarn mal wie zufällig an, läßt mal ne Hand auf seine Hand oder seine Brust fallen, ach man kann sogar mal richtig zufassen. Mehr ist natürlich nicht möglich, naja, dann zieht man zusammen ab.« »Da hab ich auch schon ganz nette aufgegabelt.« »Aber die Bäuche von den *alten* Tanten sind kein Vergnügen. Huch, und die starren einen dann so schmatzend an, die sind kaum zu bremsen, sonst sehen sie natürlich überhaupt keinen netten Arsch mehr.« »Tu mal nicht so, *so* jung und appetit- lich bist du auch nicht mehr.« »Immerhin, alt und fett bin ich noch nicht, du weißt das ja ganz gut, mein Schätzchen, oder?«

Hier und da stehen oder sitzen Leute allein, Männer von Mitte Zwanzig ebenso wie solche von Mitte Sechzig. Manche warten guten Mutes auf Bekannte, manche guten Mutes auf Unbekannte, manche starren suchend mal diesen mal jenen Gast an. Stumm stehen sie zwischen den redenden Gruppen, sitzen sie zwischen den Tischunterhaltungen, stumm spre- chen sie mit sich selbst. »Der da drüben, der würde mir gefallen. Kennt andere. Aber süß ist er. Hm, wenn er lacht! Jung ist der. Wenn ich jünger wäre, ein bißchen, fiele ich ihm vielleicht auch auf. Wenn ich jetzt trinke, werde ich ihn über den Glasrand weg fixieren. Warum sieht er nicht her? Jetzt! Er hat 's gemerkt, sieht sofort wieder weg. Idiot. Aber wie dieser kräftige Hals da aus dem Pullover kommt, man kann die Adern sehen. Und dieser Mund! Der ist ja nicht älter als dreiundzwanzig. Aber so einen, der richtig nett ist, den kriegt man natürlich nicht. Stattdessen zieht man nachher mit irgendeiner Notlösung ab, hier oder in der Bambus-Bar oder in den Wallanlagen. Natürlich, ich hab auch schon richtig Nette gehabt. Dann hat man sie 'ne Nacht – und dann weiß man schon bald nicht mehr, was man mit ihnen anfangen soll. Dieser Typ hat ja auch ganz andere Interessen und so, die wollen dann nicht mehr, mir selbst ist dann auch mehr nach was Neuem. Natürlich, muß dankbar sein, daß man überhaupt so Nette gehabt hat. So Nette wie dieser? Scheiße. Wenn ich mir vorstelle, dieser Mund unter meinem –. Warum kuckt der Bursche immer weg? So häßlich bin ich doch nun auch wieder nicht. Oder so alt. Verdammt. Und die, mit denen er da zusammen ist, taugen doch alle nichts. Bin ich doch lange noch besser. Komischer Kerl. Heh, aber der da jetzt reinkommt, der ist auch nicht schlecht. Bißchen arrogant vielleicht. Aber schmale Hüften hat das Luder. Ha, geht natürlich zu dem, dreht mir den Rücken zu. Schöner Rücken. Überhaupt, Figur ist gut. Hintern. Eben hat der andere hergesehen, glaub ich, verdammt, da hab ich grade nicht aufgepaßt. Nichts zu wollen. Aber süß ist das Kind . . .«

An einem kleinen Tisch, auf dem der Kellner Willi eine Kerze angezündet hat, sitzen zwei jüngere Leute; sie haben sich vorhin kennengelernt, als sie gleichzeitig ihre Garderobe abgaben. »Mancher, der was davon versteht, ich glaube, der kann es mir ansehen. Aber sonst – also ich tänzel ja nicht durch die Gegend wie andere manchmal. Und so 'ne auffällige Kleidung ist ja auch blöd.« »Sie haben recht, ich finde das auch gräßlich. Es ist ja nicht nötig, daß man einem das schon auf Hunderte von Metern ansieht.« »Aber manche, die können ja gar nicht anders, die sind ja wirklich von Natur aus halbe Mädchen.« »Klar, aber man muß es ja nicht unterstreichen.« »Also bei mir in der Firma, da ahnt das ja keiner. Ich mache meine Sache wie alle andern und so, also ich meine, da ist kein Unterschied, nicht, und meine Eltern, naja, die wissen natürlich nichts, kommen auch gar nicht auf den Gedanken.« »Und wenn sie draufkämen, würden sie ihn sofort beiseiteschieben.« »Klar, völlig abwegig wäre der.« »Reicht ja auch die Phantasie gar nicht aus. Manchmal sag ich irgendwelchen Leuten, daß ich nach Capri in die Ferien fahre, und wenn die dann sagen ›Na, da werden Sie ja nette Knaben finden, das ist doch bekannt!‹, und ich sage dann: ›Klar, was denken Sie, weswegen ich dahinfahre? Die jungen Italiener sind mein Leibgericht!‹, dann ist die Antwort lautes Lachen und so, aber gerade weil ich so rede, kämen sie doch nicht die Spur drauf, daß ich so sein könnte.« »Die meisten Leute haben ja auch so 'ne Vorstellung von den Homo-sexuellen, als müßten die alle so sein wie, na sagen wir mal, wie die da drüben. Immer so affektiert reden und die Finger verdrehen und den Hintern schwingen und so, will mal sagen: viel unnormaler als die meisten Schwulen wirklich sind.« »Den meisten, die hier sind, würde es ein Normaler auf der Straße doch nicht ansehen, selbst wenn er sich ein bißchen auskennt. Und manche sind sogar verheiratet. Der da vorne rechts an der Theke zum Beispiel.« »Davon halt ich nicht viel. Dann lieber mit 'nem Mann zusammenleben, es gibt doch sonst furchtbar viele Komplikationen, auch viel Unglück. Heiraten? – nee.« »Haben Sie einen festen Freund?« »Nein. Ich hab mal einen gehabt, so beinah wenigstens, eben eine Zeitlang, der war fast zehn Jahre älter als ich, den habe ich sehr – – aber – naja, ist auch egal. Und Sie?« »Ich weiß nicht, vielleicht eigne ich mich nicht so dafür. Andererseits hätte ich gern einen, es macht doch vieles leichter. Es gibt so Fälle, ich kenne einige solche Paare, aber die kommen fast nie hierher. Und sehen Sie den Jungen da vorne? – der ist auch schon über zwei Jahre mit dem Direktor der Gemäldegalerie zusammen, da kommt er grade. Wahrscheinlich sind die beiden nicht immer ganz treu, aber immerhin. Der Ältere ist außerdem verheiratet, glaube ich.« »Also, wenn ich 'nen Freund hätte und der schliefe öfter mit Frauen, das würde mich verrückt machen. Dann hätt ich Angst, daß er vielleicht gar nicht richtig so ist und mich also auch gar nicht richtig lieben könnte. Wenn er mal mit 'nem netten Jungen nebenrausginge, das wäre mir viel gleichgültiger.« »Ja, mit Mädchen, das ist so 'ne Sache. Manche tun nun gerade das mal zur Abwechslung, obwohl sie wirklich schwul sind, und *lieben* können sie bloß Männer.«

Ein älterer Mann, mager und traurig, kommt herein, geht auf einen jüngeren zu, den er kennt: »Erich, hast du Hansi gesehen?« »Hansi? Klar, war vorhin hier. Hab ihn kaum gesprochen, ist vielleicht in die Bierklause.« »Ach ich sag dir, alles und alles habe ich für ihn getan, ohne mich hätte er noch heute kein Zimmer, ich hab ihm immer geholfen, er wohnt bei mir, aber ich seh ihn fast nie. *Ich* muß mir Strichjungen suchen, denn Hansi schläft vier, fünf Monate nicht mit mir, bis er sich mal wieder erbarmt und mich fertig macht. Nein, er dankt mir nichts, dabei habe ich alles für ihn getan. Ich sage dir: er ist eine Hure und nichts weiter, eine Hure!« Der andere zuckt mit einem freundlichen Lächeln die Achseln, um zu sagen, daß er weder etwas wisse noch etwas ausrichten könne, und der Alte trottet wieder hinaus.

Auf der Bank an der Wand sitzen zwei, der eine hat auf dem Sitz zwischen ihnen eine Hand auf die des andern gelegt. Er ist Journalist, der andere arbeitet in einem Herrenmodegeschäft. »Das erstemal?« fragt der Journalist, der Mitte Dreißig ist, »das erstemal? Das kann ich dir sagen. Ich war damals in der Hitlerjugend, im Jungvolk, wie das so hieß, und mein Vorgesetzter, das war der Jungzugführer, der hieß Gert. Der war wohl sechzehn. Und ich um die dreizehn. Nachm Dienst wollt er noch was bei mir abholen. Wir ins Haus, meine Eltern nicht da. Ich weiß noch, wir trugen beide diese kurzen schwarzen Manchesterhosen. Na, weiß ich 's wie 's kam, wir wälzten uns schließlich mit aufgeknöpften Hosen auf dem bunten Sofa herum. Dann kam meine Mutter rein, machte 'nen Riesenkrach, zeigte ihn und mich an und so weiter, na es lohnt nicht, das zu erzählen.« Der andere, Anfang bis Mitte der Zwanzig, schüttelt den Kopf: »Das würde meine Mutter nicht fertigkriegen. Dazu hat sie mich zu gern. Und ich liebe sie auch sehr.« »Pah, denkst du, ich liebe meine Mutter nicht? Und wie! Wer weiß, was damals in ihr vorging, das waren eben diese Jahre. So 'n Kurzschluß. Allerdings, mit meinem Vater versteh ich mich noch besser, Und du, hast du 's denn nach dem erstenmal später mal mit Frauen versucht?« »Schon, so als ich achtzehn war, und dann noch mal mit zwanzig, dann wieder mit einundzwanzig. Aber ich hab keinen hochgekriegt. Das war alles bloß Krampf und Onanie, und natürlich war ich auch so aufgeregt und so. War vielleicht falsch, jedesmal war 's 'ne Hure. Na, dann hab ich 's aufgegeben.« »Hast du dich denn damit abgefunden?« Der Jüngere zuckt mit den Schultern. »Glaub schon. Es ist bloß so schrecklich mit den andern Leuten. Ich bin jetzt zweiundzwanzig, man kommt sich so unreif, so halb, so unnormal vor. Ach, man hätte in der Antike leben müssen, wir sind im falschen Zeitalter geboren. Man weiß doch nie, wohin man gehört.« Der andere streichelt ihm die Hand, und der Jüngere fährt fort: »Ach, und jedesmal wenn ich mich verliebe, ist 's der Falsche. Immer einer, der gar nicht schwul ist. Da mach ich 'n Riesentheater um so einen, um das rauszukriegen, flirte mit ihm auf Teufel komm raus, so daß er 's fast merken muß, daß ich so bin, naja, und irgendwann ist 's natürlich klar, daß mit ihm nichts anzufangen ist. Es ist zum Verzweifeln.« »Du könntest dich vielleicht in mich verlieben, vielleicht, na?« Der Jüngere zieht seine Hand zurück. »Nein, also, Entschuldigung, aber das glaube ich nicht.« »Warum nicht? Nicht der Typ?« Der Jüngere nickt. »Und wenn wir bloß mal jetzt zusammen weggingen?« »Nö, ich will noch bleiben. Und die Unterhaltung mit dir find ich ja auch sehr nett, es muß ja nicht immer gleich – also, nicht immer bloß das eine sein, oder?« »Nein, natürlich nicht.«

»Eh, Schwester Wilhelmina!« In der Ecke ruft man nach dem Ober Willi, dessen jugendliche Wohlbeleibtheit in weinroten Hosen und einem violetten Jäckchen steckt. »Meine Damen – womit kann ich dienen?« »Bedienen sollst du uns gar nicht, das werden schon andere besorgen.« Die Fünf an dem Tisch kichern und gieksen, einer zieht Willis Kopf zu sich herunter, küßt ihn schmatzend auf die Wange. »Erstens brauchen wir noch drei Pils und zwei Cola Stein, Liebling. Zweitens sollst du uns sagen, was das für 'n nacktes Jüngelchen ist. Kuck nich so geil, ich mein eure neue Figur da.« »Weiß ich nich, die hat der Chef angeschleppt, irgendwas Antikes.« »Sieht auch so aus wie so 'n antiker Lustknabe, was? Bißchen zu kräftig, aber – naja!« »Wer weiß, mit welchem alten Lustmolch der 's damals getrieben hat!« »Hach, das warn Zeiten! Da war 's doch einfach normal, daß jeder Mann seinen Jungen hatte, und überhaupt ständig Männer mit Männern –« »Die ganzen Dichter und Philosophen damals, kein Mensch hat sich drüber aufgeregt.« »Den alten Sokrates hättst du auch nicht genommen! Der sah ungefähr so aus wie der da hinten.« »Gab ja auch andere.« »Genau wie später. Und später gab 's unter den großen Leuten auch noch genügend Schwestern, Friedrich der Große und Michelangelo, Oscar Wilde sowieso —« »Und André Gide und Cocteau und so viele Schauspieler!« »Da fällt mir ein: Wißt ihr, was mit dem Klaus hier vom Stadttheater passiert ist?« »Nee.« »Der sitzt doch, oder?« »Ja, genau, er sitzt. Den habense schon zum zweitenmal mit 'nem Minderjährigen erwischt, so fuffzehn, sechzehn. Jetzt ist 's aus. Das Stadttheater nimmt ihn nicht wieder, das ist schon sicher.« »Schöne Scheiße, was?« »Was muß er auch mit Kindern rummachen!« »Na, du hast Humor, Liebling!« »Jedenfalls ist der Rolf viel schlimmer hereingefallen — den habense doch damals in den Wallanlagen erwischt, und sie waren beide über einundzwanzig, das hat ihm nichts genützt!« »Also dieser ganze Paragraph —« »Hör auf, seit du mal Jurastudentin warst, hast du uns diesen Vortrag schon zehnmal gehalten.« »Aber er hat Recht, dieser ganze Paragraph —« »Ich wollt das neulich mal 'nem Kollegen erklären, der begriff nichts, schließlich sagt er: ›Du bist wohl selber so, was?‹ Ich sag zu ihm, ob er mich für 'n Abtreiber hält, weil ich auch gegen § 218 bin.« »Bist ja auch ganz schön blöd, meine Liebe. Warum willst du auch mit so 'nem Normalen quatschen —« »Was heißt da normal?« »Egal, jedenfalls kannste doch wissen, daß da Hopfen und Malz verloren ist!«

An der Theke hat sich ein Mann von Ende Dreißig endlich einen Platz neben einem vielleicht zwanzigjährigen Burschen erobert. Er macht nicht viele Worte; nachdem er dem Jungen ein Bier hat kommen lassen und mit ihm angestoßen hat, sagt er: »Sie gefallen mir übrigens ziemlich gut. Gehn wir nach dem Bier zusammen weg?« »Ich weiß nich, das kommt drauf an.« »Worauf? Auf Ihren Durst?«

»Ich hab nicht viel Zeit. Muß auch rechtzeitig zu Hause sein.« »Ja schon; ich wohne nicht weit von hier.« Der Jüngere schob kurz die Unterlippe vor, schweigt. »Also?« fragt der Ältere wieder nach. »Dann muß ich nachher 'ne Taxe nach Haus nehmen, das ist teuer.« »Die zahl ich Ihnen.« »Bloß die Taxe?« »Na wieso, eigentlich sehen Sie nicht so aus, als ob –« »Muß man so aussehen? Ist doch klar, Sie sind alt, ich bin jung. Wenn ich alt bin, muß ich ja auch zahlen.« »Nein, also dazu hab ich keine Lust. Dann lassen wir 's.« »Hab Sie ja auch nicht aufgefordert.« Der Ältere geht ein paar Schritte von der Theke zurück, begrüßt einen anderen: »Gut nach Haus gekommen neulich?« »Mit Ihnen bin ich fertig. Ich habe Ihnen gesagt, ich muß nach Hause mit dem Zug, Sie haben die Uhr zurückgestellt. Bloß um mehr Zeit fürs Bett zu haben. Nee, sowas tut man nicht.« »Das ist auch nicht wahr!« »Doch ist das wahr. Hätt ich bei Ihnen nicht gedacht.« Der junge Mann, der um Mitte Zwanzig sein muß, sieht sein Gegenüber mißmutig und strafend an. »Für sowas müssen Sie sich andere suchen!« sagt er, dann geht er zu einigen andern, die er kennt.

Die reden über die Wallanlagen. »Also, das ist nicht ohne!« sagt einer, »einmal abends, war oben alles völlig vereist, na ich geh da rüber. Von rechts kommen zwei den Weg runter, ich geh noch 'n Stück, bleib stehen. Der Jüngere vielleicht Ende Zwanzig, großer kräftiger Bursche, Wildlederjacke, Schaftstiefel. Ob der andere dazu gehörte, weiß ich nicht. Na ich denk: Warum nicht mal so 'n kräftigen Lastwagenfahrer oder sowas, manchmal steh ich unheimlich auf kräftig. Der kommt, stellt sich ganz dicht vor mich hin, plötzlich hebt er so die Faust – also ich über das Eis den Berg runter, über den Weg und das Gras, 'n Wunder, daß ich mir kein Bein gebrochen habe!« »Klar, 'n bißchen vorsichtig muß man schon sein! Manche da oben sind aber auch so richtig blöde Kühe. Einmal ging so einer vor mir her, dreht sich immer nach mir um, sah auch nicht schlecht aus. Schließlich bleibt er vor 'nem Loch in den Sträuchern stehen, kuckt mich so an. Ich denk, er will mir vor in die Sträucher rein, rührt er sich nicht. Ich sag: ›Da ist wohl schon jemand drin, was?‹, sagt er ganz spitz: ›Da müssen Sie schon selber nachsehen!‹, dreht sich um und geht. Eine blöde Kuh!«

Neben ihnen redet einer eindringlich auf einen andern ein: »Schaff bloß alles weg! Also wenn du Briefe hast oder sowas, aus denen man das sehen kann. Die machen Haussuchung! Natürlich, ist nicht sicher, aber grade, wenn sie dir so noch nichts beweisen können, kriegen sie das fertig! Da, haste eben den Alten weggehen sehen, den Dicken, mit dem hübschen Jungen? Der Kleine ist Italiener, glaub ich, den hätt ich auch gern mal. Aber was wollt ich sagen? Ja, also: Sei bloß vorsichtig. Nichts liegen lassen. Die kriegen das fertig, machen Haussuchung!«

An einem Tisch bei der Tür sitzt eine vollbusige blonde Frau von Ende Dreißig mit einem Mädchen von Anfang Zwanzig, einem ungefähr ebenso alten Jungen und zwei dreißigjährigen Männern zusammen. Die Tür geht auf, eine Frau mit Brille und kurzen grauen Haaren kommt herein. Sie trägt einen Trenchcoat, lange Hosen darunter, ist Mitte der Vierzig; im Mundwinkel hält sie eine Zigarette. Sie fährt auf die Blonde los: »Du kommst sofort nach Haus. Sofort!« In eisernem Befehlston sagt sie das.

Die Blonde schüttelt den Kopf. Die andre wird lauter: »Sofort. Noch diese Minute. Ich warte. Wird 's bald?« Der junge Mann sagt höflich: »Wir sitzen hier doch so nett, seien Sie doch so gut, lassen Sie sie doch noch eine halbe Stunde hier. Sie tut ja nichts weiter.« »Überlassen Sie das nur voll und ganz mir, junger Mann!« antwortet sie schneidend, »überlassen Sie das nur voll und ganz mir! Wir leben seit zwanzig Jahren zusammen. Wird 's bald? Du hast ja gar keinen Schlüssel. Oder doch? Du kommst sofort nach Hause!« Das halbe Lokal ist aufmerksam geworden, sieht zur Tür hin. Der Portier kommt, drängt die Frau in dem Trenchcoat hinaus. Die Blonde redet weiter mit der Jungen, als sei nichts gewesen; der junge Mann wird von seinem Nachbarn in den Arm genommen und küßt ihn.

»Ich weiß nicht«, sagt ein älterer Student zu einem Kommilitonen, »weiß nicht, ob Homosexuelle wirklich glücklich sein können.« »Was willst du denn? Sieh dich doch um – viele fühlen sich in ihrer Haut ganz wohl, für die ist das gar kein Problem, das alles.« »Man könnt 's fast meinen, wenn man sie hier so sieht. Ist auch 'ne Frage des Alters vielleicht.« »Du meinst, später wird 's wieder schlimmer? Das könnte ja sein.« »Und hier sind sie alle so unter sich, da sind sie auch ganz anders. Und manche haben sich mehr oder weniger unkompliziert eben auch so in die Sache reingesteigert, die wollen was ins Bett und das schaffen sie und außerdem sind sie lustig und vergnügt und quietschen so miteinander rum.« »Das mit dem Glück ist auch 'ne sinnlose Frage, da stellt sich auch jeder was anderes drunter vor. Und wenn man mal *wirklich* glücklich ist, dann kann man 's keinem sagen.« »Natürlich. Allerdings glaub ich, keiner von all denen, die ich bisher getroffen habe, war so glücklich wie die zwei, die mit der Chose ganz fertig geworden waren. Der eine in Zürich, den anderen lernt ich in Lüneburg kennen. Irgendwann hatte er sich entschlossen, keinem Burschen mehr nachzurennen, er lebte ganz ruhig für sich allein. Und der andere ungefähr genauso.« »Ja, wer das schafft! Aber außerdem gibt es doch einige Paare, wo zwei miteinander glücklich sind. Aber –.

Übrigens, in Amerika da hat mal einer 'ne Umfrage unter Schwulen gemacht, mit zwei Fragen; erstens: ›Wenn Sie einen Sohn hätten, würden Sie es begrüßen, wenn er nicht homosexuell wäre?‹ Die ganz große Mehrheit wollte ihrem Sohn das nicht wünschen, auch so zu sein. Zweitens: ›Wenn es ein Mittel oder eine Kur gäbe, wodurch man in kurzer Zeit von der Homosexualität befreit wird – würden Sie für sich zu diesem Mittel greifen?‹ Antwort: die überwiegende Mehrheit – nein.« »Und soll ich daraus schließen, daß sie sich so ganz glücklich fühlen, das für sich selber richtig finden, wie es ist? Es ist doch so: Man ist man selbst, man kennt sich – wer möchte schon ein anderer werden, den er nicht kennt, den er sich nicht vorstellen kann? Schließlich haben wir uns ja alle mal damit abgefunden, daß wir so sind, he?« »Aber trotzdem ist 's erstaunlich. Wenn du denkst, wie viele, die man so kennt, immer noch etwas mit dem Gedanken spielen, Frau und Kinder zu haben und damit vielleicht glücklicher zu sein.« »Tjaa. Andere Leute haben auch ihre Wunschvorstellungen. Natürlich, andererseits –. Weißt du übrigens, wer zur Zeit glücklich ist? Ernst.« »Den hab ich hier ewig nicht gesehen.« »Na, der ging ja nie in Lokale. Teils aus Scheu, teils weil er sich zu fein dafür war und ja auch eigentlich immer jemanden hatte. Aber jetzt ist er entschieden auf dem Höhepunkt: Er hat sich einen jungen Spanier mitgebracht, achtzehn Jahre, gewaltige Umstände mit den Eltern von dem Jungen und so, aber er hat ihn.« »Und?« »Naja, glücklich. Allerdings, ob der Bursche nun wirklich so ist oder nicht, weiß der Himmel. Manchmal bringt er sich irgendwoher Mädchen mit, nun, und Ernst sieht glücklich und zufrieden zu, wie die beiden machen.« »Und das soll nun das Wahre sein?« »Für ihn vielleicht, jedenfalls tut er so.«

Es ist Mitternacht, das Lokal ist noch immer voller Leute.

Manche gehen fort, in die Bambus-Bar, in die Bierklause oder in die neue »Gartenlaube«, die ein früherer Ober vom Monokel vor drei Wochen eröffnet hat; sie kommen wieder, inzwischen sind andere von der Bambus-Bar, der Bierklause und der Gartenlaube für eine Weile ins Monokel gekommen. »Haste gehört, Egon will wieder 'n Faschingsfest geben!« »Und wo?« »Riesengroß, in irgendnem Haus von 'nem Bekannten, der für 'n Jahr nach Südamerika gegangen ist. Über hundert Leute!« »Hab ich auch von gehört; hab schon zu Egon gesagt, wenn er mich nicht einlädt, wär 's aus.« »Und?« »Na du kennst ihn ja.« »Weiß schon, er hat gesagt: ›Ich habe einen Liebhaber für deinen süßen kleinen Popo, natürlich wirst du eingeladen.‹ Stimmt 's?« »Haach, aber wieder diese Kostümsorgen! Ich kann doch nicht wieder als Nutte gehen! Was macht ihr denn?« »Also mein Fummel ist fast fertig.« »Na, du als Dekorateuse kannst ja auch nähen! Und?« »Oben so geraffte Schleier und 'n bißchen Taft und dann ein ganz enger Brokatrock bis zum Boden, aber geschlitzt fast bis zur Hüfte.« »Schön teuer.« »Pah, Reste aus der Firma.« »Ich komme diesmal ganz züchtig als Braut.« »Haste schon 'nen Freier?« »Daran hat mir 's noch nie gefehlt.« »Ich komm als Grieche, irgendeiner muß ja auch als Mann kommen.« »Ich glaub, ich geh so als grande dame der Halbwelt von 1890. Ich hab neulich aufm Speicher bei uns so Kram gefunden, das ist prima dafür.« »Aber jeder Fummel macht so viel Arbeit!« »Weißte noch Klaus voriges Jahr, der ist doch so lang und hager, und dann so ganz auf billige Nutte, riesengroßen Mund und so, und den Pappebusen, wie er den immer hin- und hergeschlackert hat?« »Also ich nehm Schaumgummi. Aber die Karline, wie die sich damals in das hautenge grüne Seidenkleid geschmissen hat, mit weißer Pelzstola und Täsch- chen, das war ja 'ne Wucht. Und wie sie dann auf dem Fest

bei Max, ja bei dem Chemieprofessor, wie sie da den Striptease gemacht hat – echt, sag ich dir, echt! Und zum Schluß
führte sie 'nen ganz schönen Ständer vor, huch jeh!« »Und
der Wolfgang, der ist doch voriges Jahr in so 'nem Fummel
mitgegangen mit der dicken Lesbierin, weißt schon, auf
'nem Lesbierinnenfest, hat da die Weiber verrückt gemacht,
die hätten ihn nachher fast gelyncht.« »Da werden Weiber
zu Hyänen, ja ja! Ich war einmal auf 'ner Party, aber nicht
Karneval, lauter Warme und ein paar Weiber. Wir verhielten
uns ganz still, saßen da in dunklen Anzügen gesittet rum,
und dann machte ein junges Mädchen 'nen Striptease. Da
macht sich 'ne dicke Alte auf, hin zu dem nackten Gör, die
grauen Locken der zwischen die Beine, und lutscht und
leckt, bald 'ne halbe Stunde lang, und die stand da nackt
und drehte sich und stöhnte und krümmte sich, und die
Alte festgekrallt in den Schinken und Arschbacken und hört
nicht auf, also widerlich. Nachher hat 's kaum mehr jemand
beachtet.« »Aber voriges Jahr vor dem Kostümfest bei Erich,
wo nachher das ganze Zimmer glitschig und klebrig war,
na also vorher, wie wir da alle kreischend durch die Stadt
gezogen sind in unseren Fummeln und Fähnchen und rin
in die Hähnchenbraterei, das war ja auch was! Also von mir
aus könnt das ganze Jahr Fasching sein!« »Robert will hier im
Monokel auch wieder 'n Kostümfest machen.« »Da komm
ich in meinem Standardaufzug: schwarzer Pullover, hauteng,
und rote Netzstrumpfhosen, winzigen blauen Slip drunter.«
»War das nicht hier, wo voriges Jahr dieser Dicke war, so
'n Fünfziger, der so schwitzte, fast nackt, mit dem grünen
Röckchen und seine fette Brust in 'nem grünen Büstenhalter? Das war ja zum Erbrechen!« »Ja war das hier, und
denn haben sie ihn immer in seinen echten Busen gekniffen,
und er war selig und hat alle gestreichelt und geküßt und

so.« »Ach, der geht sonst doch bloß in die Bierklause. Das
'n ganz ordinäres Arschloch.« »Aber der Aufzug – nee.
Sowas Unästhetisches!« »Sowas gibt 's immer. Trotzdem,
ich freu mich auf die Feste.« »Zu normalen Bällen geh ich
ja nie mehr.« »Ich auch nich. Da steht man als Schwuchtel
bloß rum –« »Und wird geil vor den halbnackten schicken
Jungens, die alle stinknormal sind mit ihren Susen, und die
Weiber hängen einem sowieso gleich zum Halse raus.« »Nee,
das macht keinen Spaß. Vorigen Jahr hab ich mich nochmal
rumkriegen lassen, zu sowas mitzugehen, tu ich nicht mehr.
Macht man bloß 'nen blöden Eindruck.«

Der Portier schließt die Tür zum Lokal und erklärt einigen
Leuten, die vor ihm stehen: »Nein, unmöglich. Erstens ist es
zu spät, und zweitens haben wir hier geschlossene Gesellschaft. Steht ja auch hier auf dem Schild. Versuchen Sie es
doch bitte noch anderswo mal, ich darf niemanden mehr
hereinlassen. Bitte sehr-« und erhebt seine Stimme – »bitte
sehr, machen Sie keinen Ärger! Hier geht 's raus!«

EBERHARD HATTE das Gefühl, mit seiner Liebe zu Klaus und mit dessen Liebe ein Ziel erreicht zu haben, zu dem er seit Jahren unterwegs gewesen war. Noch keine drei Monate kannte er ihn, und doch schienen ihm all seine Verliebtheiten von einst schon längst unwirklich. War 's möglich, daß er einmal so viele Abende auf jenen Hermann gewartet hatte, der nie wieder gekommen war? Seit jenem Frühsommer-abend, als Hermann in seinen abgeschnittenen Blue Jeans für zehn Minuten da gewesen war, hatte Eberhard ihn nicht wieder gesehen. War das wirklich erst ein halbes Jahr her? Eberhard fragte sich, was er wohl eigentlich an dem Jungen gefunden hatte damals – er hatte doch sogar noch im Juli ein paar Mal bei Hermann geklingelt, wenn auch vergeblich . . .!

Am Wochenende, wenn Klaus und Dieter herüberkamen, ging Eberhard manchmal mit ihnen ins Monokel. Die Leute drehten sich nach den Zwillingen um, wenn sie das Lokal betraten, und Eberhard war stolz – so einen Menschen hatte er sich erjagt, so ein Glück war ihm zugefallen. An einem solchen Abend war einmal auch Hermann im Monokel, und Eberhard war 's ganz zufrieden, wie der mit großen Augen seine beiden Freunde musterte. Am Wochenende drauf kam Hermann für ein paar Minuten an ihren Tisch. Noch nie war er Eberhard so wenig interessant erschienen; zugleich aber hatte Eberhard den Eindruck, daß er selbst jetzt für Hermann interessanter wurde – so als hätten die Zwillinge das Bild, das Hermann sich von ihm gemacht hatte, um ganz neue Züge und Tiefen bereichert.

Ein paar Tage später rief Hermann abends bei ihm an. »Ganz was Dummes«, sagte er, »ich bin pleite und kriege erst Anfang nächster Woche Geld. Ich weiß niemanden, den ich darum bitten könnte, ohne große Umstände zu machen – du weißt ja, wie das mit den Leuten ist.« »Also soll ich dir Geld leihen? Wieviel denn?« »Vielleicht zwanzig Mark, ginge das?« »Ja natürlich.« Es gefiel Eberhard, daß dieser Bursche, der so lange nichts von ihm hatte wissen wollen, ihn nun doch einmal brauchte. Und das zu einem Zeitpunkt, wo Eberhard seinerseits ihn in gar keiner Weise brauchte. »Soll ich 's dir hinbringen?« »Nein, ich komm grad von der Arbeit, ist heut spät geworden, ich steh hier in der Telefonzelle, ich will erst eben nach Hause und in die Badewanne.« »Für mich brauchst du nicht in die Wanne, das kannst du dir sparen.« »Witzbold! Also ich komm dann in 'ner halben Stunde vorbei. Macht 's dir auch wirklich nichts aus mit dem Geld?« »Dann tät ich 's nicht.« »Also gut, bis gleich.«

Eberhard legte den Hörer auf und blieb noch einen Augenblick vor dem Telefonapparat sitzen. Dieser Hermann war doch ein zu alberner Bengel! Was sollte das denn heißen mit der Baderei? Nun, Eberhard konnte das gleichgültig sein; wenn der Bursche etwa plötzlich die Idee haben sollte, mit ihm ins Bett zu gehen – was Eberhard nicht recht glauben konnte –, so wäre diese Idee jedenfalls zum Scheitern verurteilt. Nein, dann hätte der Gute sich das eher überlegen müssen.

Hermann kam, schloß die Tür hinter sich und gab Eberhard einen Kuß auf die Wange, den Eberhard flüchtig erwiderte. Eberhard fragte ihn, ob er ein paar Minuten bleiben wollte, Hermann nickte, Eberhard schenkte ihm eine Tasse Tee ein. Hermann ließ sich auf der Couch nieder, Eberhard setzte sich auf einen Sessel, und sie erzählten sich, wie sie das letzte halbe Jahr so zugebracht hatten. Hermann berichtete von den Ferien in Spanien und von gelegentlichen Wochenendausflügen ans Meer. »Mit Walter?« »Nein, der steht da nicht richtig drauf. Zuletzt warn wir mal 'ne Blase von neun Mann, oder noch mehr, das war schon September, aber die ganz warmen Tage damals, weißte. Da waren wir erst bei einem eingeladen, der war 'n Bekannter von Fränzchen, kennst du Fränzchen?, na der hatte da 'n Haus, irgendwelche Frauen waren auch da, so gegen Mitternacht sind wir da weg. Fränzchen auch, sein Bekannter wollte wohl mit den Frauen schlafen. Wir runter ans Wasser, 's war so 'ne schöne Nacht, und dann haben wir uns alle splitternackt ausgezogen, und dann haben wir 's da getrieben, zehn Mann, da am Strand – einer war sechzehn, ich hätte nie gedacht, daß mir das mit so einem Spaß machen würde, der jünger ist als ich. Ach Eberhard, da hättste beisein müssen!« Eberhard lächelte; »tjaa«, sagte er »wär ganz nett gewesen. Ich hab mal sowas ähnliches mitgemacht«, und er erzählte eine längst vergessene Geschichte, die ihm mal in Norditalien passiert war.

Hermann zeigte auf das Bild von Klaus, das auf dem Tisch stand: »Große Liebe?« fragte er. »Allerdings ja, wenn 's recht ist«, sagte Eberhard. »Was macht denn deine?« So sprachen sie hin und her. Irgendwann streckte sich Hermann auf der Couch halb aus und legte seinen einen Fuß, von dem er den Schuh abgestreift hatte, auf Eberharde Knie. Eberhard ließ ihn ruhig gewähren, und selbst als Hermann den Fuß bis in seinen Schoß schob, widersprach er nicht. Warum auch? – derlei hatte schließlich nichts zu bedeuten. Dann stand er von seinem Sessel auf, um ihnen beiden einen Schnaps zu holen; sie prosteten sich zu, Eberhard stellte die Gläser auf den Tisch, setzte sich neben Hermann auf die Couch. Hermann nahm seine Hand; Eberhard sagte sich mit einem Blick auf das Bild von Klaus, daß all dies ganz ungefährlich sei, und er sagte es sich auch noch, als Hermann seinen Schenkel gegen ihn drückte. Als der Junge ihm eine Hand auf das Knie legte, stand er wie zufällig auf, füllte die Gläser neu, setzte sich wieder auf den Sessel; ihr Gespräch ging bei alledem ganz ruhig weiter. Vom sicheren Port des Sessels sah Eberhard den Jungen an, und mit einem Mal merkte er fast überrascht, daß er seinen Willen anspannte und zu sich sagte: Nein, ich will nicht.

Nach einer Weile stand er wieder auf, ging zweimal durchs Zimmer und ließ sich dann wiederum neben Hermann nieder. Und wieder legte Hermann ihm eine Hand auf das Knie, ließ die Finger der anderen über Eberhards Lippen hinspielen. Endlich nahm er Eberhards Kopf in beide Hände und küßte ihn auf den Mund; Eberhard widerstand ihm, indem er die Lippen fest geschlossen hielt. Hermann drückte ihm den Oberkörper auf die Couch, beugte sich über ihn und bedeckte sein ganzes Gesicht mit Küssen, streichelte es mit seinen langen Augenwimpern, und noch immer glaubte Eberhard, er werde standhalten, wenn Hermann etwa weitere Absichten verwirklichen wollte.

Als sie endlich nackt aneinanderlagen, fragte Hermann abermals, wie er schon früher öfter gefragt hatte: »Hast du mich denn ein ganz klein bißchen lieb?« Eberhard nickte und antwortete mit einem langen zustimmenden »Mmm!«

Sie zogen sich wieder an, Eberhard sprach kein Wort mehr. Hermann rüstete sich alsbald für den Heimweg, Eberhard gab ihm die versprochenen zwanzig Mark, ein flüchtiger Kuß vor der Wohnungstür, Hermann war fort. Eberhard ging wieder hinein und starrte das Bild von Klaus an.

Tags darauf schrieb er Hermann einen kurzen Brief: »Mein Lieber, wenn man jemanden verführt, der aus gutem Grunde nicht verführt sein will und der endlich doch gezwungen wird, seiner Schwachheit nachzugeben, so muß man immer damit rechnen, daß dessen Ärger über seine eigene Schwachheit auch den Verführer einbezieht. Das ist denn auch das Ergebnis von gestern abend. Auf irgendeine Frage von Dir sagte ich Dir schon gestern: ›Wenn ich nicht früher so auf Dich gewartet hätte, hätte ich Dich schon rausgeschmissen‹ – und es ist wahr: Meine Phantasien von einst sind schuld an dem fragwürdigen Vergnügen dieser Nacht. Vielleicht wollten jene Phantasien einen Schlußpunkt haben – sie haben ihn endgültig bekommen. Auf keine andere Weise hättest Du Dich so schnell und so für immer aus meinem Leben hinausbringen können. Alles Gute – Eberhard.«

In der folgenden Zeit sah er Hermann nur ein- oder zweimal von fern auf der Straße, sie nickten sich kurz und förmlich zu. Ungefähr ein Jahr später, als seine Beziehung zu Klaus schon seit langem nicht mehr leben und nicht sterben konnte, traf er Hermann eines Nachts in den Wallanlagen. Er war froh, ihn zu sehen und sagte: »Weißt du, voriges Jahr mein Brief – ich hab das nicht gern, diese Spannung so zwischen uns.« »Nein, du hattest ganz recht«, sagte Hermann, »ich hab mich damals wirklich blöd benommen. Furchtbar blöd!« Sie sprachen ein Weilchen miteinander, über die Wallanlagen, über Walter, mit dem Hermann immer noch zusammen war, über die späten Passanten. Schließlich gingen sie in Eberhards Wohnung und schliefen miteinander. Hermann blieb die ganze Nacht, bis weit in den Sonntag hinein, und in dem Dämmer des winterlichen Nachmittags umschlangen sie einander von neuem.

In den folgenden Wochen ging Eberhard öfter in das Haus, wo Hermann wohnte, und klingelte bei ihm, aber wenngleich hinter Hermanns Fenstern Licht brannte, öffnete niemand.

Es hat geregnet am Abend, die Wege sind schmierig, das welke Laub riecht stark und würzig, und geheimnisvollerweise ist eine Erinnerung an den Geruch des Frühjahrs darin enthalten. Die Luft ist feucht, der Qualm der Lokomotiven, die unten an dem Hügel in den Wallanlagen vorbeifahren, wird herabgedrückt von der Nässe, von gelegentlichen Windstößen in die Sträucher geschlagen.

Es hat geregnet, es wird bald wieder regnen, die wenigen Löcher in der Wolkendecke fahren rasch ostwärts. Ein junger Mann mit hochgeschlagenem Kragen eilt den Hauptweg hinunter, der unter der Hügelkuppe entlangführt; es ist gleich Mitternacht; er bleibt stehen, dreht sich um, eilt den Weg zurück, zwei andere Männer kommen ihm entgegen. Zuerst ein Älterer, Dicker, mit einer Wetterjacke; ein paar Schritte hinter ihm ein junger in kurzem weißem Regenmantel, einen Taschenschirm wie im Krampf gegen die Brust gepreßt. Von der nassen Wiese hört man die klatschenden Tritte eines anderen, er ist ein Schatten. Unten rattert ein Zug vorbei, wieder kommt jemand vom anderen Ende des Hauptweges, ein alter Mann, der am Nebenweg stehenbleibt, ein jüngerer mit platter Nase und Hasenscharte stellt sich, die Hose weit offen, vor ihn hin. Andere kommen, gehen an ihnen vorbei, kehren zurück, hin und her, von dem unteren Weg hinauf zum oberen Weg, den oberen Weg hinab zum Spielplatz auf der anderen Seite, von dem Spielplatz auf der anderen Seite den oberen Weg hinauf, von dem oberen Weg hinunter zum unteren Weg, hin und her, hin und her zwischen den feuchten Blättern, der Sommer ist vorbei, der Sommer ist vorbei, nicht viele mehr gehen hier, bleiben stehen, warten, Blick nach rechts, Blick nach links, die braunen Gesichter, das dichte Laub, die offenen Hemden, vorbei, lange vorbei, der Wind schüttelt das Wasser von den Blättern, die jetzt noch hängen, es hat geregnet, es wird wieder regnen, man muß sich eilen, jetzt vor dem Regen muß man noch einen finden, Ausschau halten, warten, gehen, hin und her, hin und her, stehen, warten.

Ein paar große Tropfen fallen – die Jungen und Männer und Greise, die da oben auf dem Weg in den Wallanlagen sind, beachten sie nicht. Zwei Leute gehen gemeinsam den Hügel hinunter auf die Straße, einem Bett zu; zwei andere kommen aus dem Gesträuch, trennen sich. Und dann setzt fein und leise der Regen ein, fällt, wie leichter Stoff fällt, wird manchmal vom Wind bewegt wie ein Vorhang am offenen Fenster. Rasch gehen einige, die keinen Schirm, keinen Mantel haben, den Hügel hinunter, auf der einen, der anderen Seite. Andere treten auf den schlammigen Nebenweg, um unter den Kronen der jungen Bäume den Schutz zu finden, den die im Sommer gegen Regenschauer geboten haben. Nun aber hat der Herbst ihr Laub längst gelichtet, sinnlos ist es, daß die Männer dort stehen. Einer öffnet seine Hose, zeigt einem andern sein Glied. Der wirft einen flüchtigen Blick hin, sieht weg, starrt auf einen Jungen. Ein anderer macht sich die Hose auf, geht zu dem, der noch immer sein Glied zeigt, faßt ihn an. Der Regen wird stärker, der, der den Jungen anstarrt, rückt dem ein paar Schritte näher, der Junge wirft ihm einen verächtlichen Blick zu, sieht wieder gradaus, rührt sich nicht vom Fleck. Noch einer tritt auf den Nebenweg, mustert die, die da stehen, macht seine Hose auf, wartet. Und nun fängt es an zu gießen, laut und gleichmäßig rauschender Regen. Rasch springt der Junge auf den Hauptweg und läuft davon; der, der ihn angestarrt hat, spannt seinen Schirm auf, geht ein paar Schritte tiefer zwischen die Sträucher, rutscht fast aus auf dem glitschigen Boden, die beiden, die aneinander beschäftigt sind, gehen auf dem Nebenweg fort, den Hügel hinunter zum Bahndamm, in dessen Nähe ein paar größere Bäume stehen. Der mit dem Schirm bleibt, der Regen läßt nicht nach, langsam rückt der mit der offenen Hose ihm näher, ein Mann von Ende Vierzig, geht auf ihn zu, lacht breit und häßlich, bleibt schließlich dicht vor ihm stehen, der den Schirm hält. Unentschlossen macht der einen Schritt zurück, der andere kommt nach, stellt sich mit unter den Schirm, und nun läßt der mit dem Schirm ihn gewähren, läßt es geschehen, und es regnet, regnet, regnet laut und rauschend, die Welt besteht aus Regen, aus Regen und dem dunklen Geruch der Nässe, riecht nach vergehendem Laub, Regen, Regen.

Um die Mittagszeit kam Roland in G. an. Er kannte die Stadt nicht und hatte sich ausgerechnet, daß er bis zum nächsten Morgen hier bleiben konnte und dann immer noch rechtzeitig wieder zu Hause sein würde.

Er nahm in der Innenstadt ein Hotelzimmer, ging die schönen Promenaden am Fluß entlang, bewunderte die Harmonie des alten Schloßplatzes und wanderte schließlich drei Stunden lang durch die berühmten Kunstsammlungen. Dann aß er zu Abend und war danach so müde, daß er langsam in sein Hotel zurückkehrte, um ein Weilchen zu schlafen. Über die breiten Straßen brauste der abendliche Verkehr, es war Ende März, die Dämmerung wurde schon von den weißen und gelben Leuchtreklamen zerschnitten, die fremde Stadt erschien Roland unwirklich, wie sie da ihr eigenes Leben führte, ohne alle Verbindung und Beziehung zu ihm, dem Durchreisenden.

Er legte sich schlafen, und es war halb elf, als er wieder aufwachte. Er zog das letzte frische Hemd an, das er noch im Koffer hatte, rasierte sich, rieb sich ein französisches Eau de Cologne ins Gesicht, nahm den Mantel und ging. Den Portier unten erstaunte es wenig, daß Roland so spät noch das Haus verließ – er war es gewohnt, daß sich die Fremden in G. spät zur Ruhe begaben.

Roland hatte schon zu Hause einige Erkundigungen eingezogen, und so suchte er auf einem im Bahnhof aushängenden Stadtplan nach der Rabenstraße. An der Rabenstraße lag die »Budike«, das einzige der ihm genannten Lokale, das ihn wirklich reizte. Langsam schlenderte er durch die Stadt: Die Budike hatte bis vier Uhr morgens geöffnet, er konnte sich Zeit lassen. Zudem war die Nacht mild, fast warm – einer jener zehn Sommertage, die der März haben soll, war ihr voraufgegangen und ein anderer würde ihr wahrscheinlich folgen. Unterwegs aß Roland noch einmal eine Kleinigkeit, und so war es fast ein Uhr, als er endlich in die Budike trat.

Das Lokal war einfach und offenbar ziemlich groß. Kam man herein, so stand man in der Schenke, an deren Theke zwölf Leute Platz finden mochten; eine breite Tür trennte den Schankraum von dem übrigen Lokal. Neben der Tür hing ein großes Schild »Geschlossene Gesellschaft« und »Jugendliche nicht zugelassen«; die Tür stand offen, Roland sah, daß der Raum dort voll war, voll von Männern, die teils saßen, teils miteinander tanzten. Tanzen – das war hier also noch erlaubt! In allen andern Städten, die Roland kannte, hatten die Behörden das längst untersagt und drückten höchstens zur Faschingszeit ein Auge zu. Roland blieb an der Theke stehen, hinter der ein dicker alter Mann und sein zwanzigjähriger Sohn standen, ein hübscher etwas rundlicher Junge, den die Gäste mit »Grete« anredeten.

Rechts von Roland saß ein Greis, der von seinen Offiziersjahren schwärmte und zwischendurch manchmal auf die Tanzenden im hinteren Raum zeigte und dazu bemerkte: »Ich seh die Mädels so gerne tanzen!« Links von Roland stand und saß eine Gruppe junger Leute, zu der auch zwei Burschen gehörten, die sich auf der unter dem Fenster hinführenden Bank umschlungen hielten und unter allerlei Albernheiten sich dann und wann küßten. Sie alle waren noch längst keine zwanzig Jahre alt, trugen Pullover und enge Hosen, und sie alle waren so lustig und zugleich so unbeschwert lasziv, daß Roland, der vielleicht zwölf Jahre älter war als der Jüngste von ihnen, sich fragte, warum er selbst denn nie in dieser leichten Weise jung gewesen war – jung und homosexuell und lustig. Ihm schien, er habe diese Jahre verschenkt – verschenkt, vertan an den Wunsch, normal zu sein. Die Burschen beachteten ihn nicht, sie lachten, redeten einander abwechselnd mit männlichen und weiblichen Vornamen an, küßten sich, legten einen über zwei Barhocker und kitzelten ihn von Kopf bis Fuß durch, wobei sie den Schoß mit Fleiß einbezogen, so als könnte nicht die Tür aufgehen und im selben Moment ein Polizist im Raum stehen, der grüne Pullover des Jungen rutschte hoch, man sah sein gesundes junges Fleisch, die Bande schrie auf – Rolands Vergnügen an dieser Nachbarschaft war ebenso groß wie seine Trauer darüber, von dieser Welt ausgeschlossen zu sein: ausgeschlossen gewesen zu sein und es nun längst für immer zu sein.

Nach einer Weile verschwand die ganze Gesellschaft in den hinteren Raum, und Roland begann, sich mit dem Wirt zu unterhalten. Es zeigte sich, daß dieser ein sympathischer Mann war, der ein bewegtes und abenteuerliches Zirkusleben hinter sich hatte und in breitem Dialekt unterhaltsam davon zu berichten wußte. Roland trank ziemlich viel, aber er war sicher, daß es ihm heute bekommen würde. Er überlegte, ob er einmal in den hinteren Raum gehen sollte, wo er doch als Fremder vielleicht unliebsam auffallen würde; dann stellte er fest, daß der Weg zu der im Keller gelegenen Toilette sowieso durch diesen Raum führte, und so blieb er, als er wieder heraufkam, eine Weile dort drinnen stehen. Allerlei ganz nette Leute, nichts Außerordentliches, aber viele sympathische Gesichter. Ein älterer Mann kam auf ihn zu, forderte ihn zum Tanzen auf; Roland lehnte ab und kehrte auf seinen Platz an der Theke zurück, wo der Wirt ihm eins ausgab und neue Geschichten erzählte.

Als Roland das nächste Mal unten im Keller war, standen dort in Vorraum bei der alten Wärterin, die aussah wie eine zusammengeschrumpfte gutherzige Kupplerin, ein paar junge Leute und ließen sich von ihr etwas Puder und Parfüm geben. Sie gingen wieder hinauf; nur einer blieb noch zurück, ein Junge, der höchstens achtzehn Jahre alt war. Er trug einen schwarzen Pullover und schwarze Hosen, war schlank und kräftig, hatte dicke schwarze Locken und war in einer seltsam sympathischen Weise affektiert. Er hatte sich von der Toilettenfrau einen Augenbrauenstift geben lassen und war nun vor dem Spiegel damit beschäftigt, an seinen Lidrändern entlang schwarze Striche zu ziehen. »Du bist ein unmögliches Gör!« sagte die Alte und schielte von ihrem Stuhl zu ihm hinauf. Roland stellte sich neben den Spiegel und sah dem Jungen zu. Plötzlich sagte er – und er wunderte sich selbst, daß er das tat –: »Laß mal sehen!«, nahm den Kopf des Jungen zwischen beide Hände, drehte ihn zu sich her, sah die frischgemalten Striche an, sah in die vergnügten, etwas lasterhaften dunklen Augen – und zog das Gesicht des Burschen zu sich heran und küßte ihn auf den Mund. Und da war kein Widerstand, der Junge sagte nur: »Du gehst ja ran!«; die Toilettenfrau schüttelte leise lachend den Kopf; dann gingen die beiden zusammen hinauf.

Der Schwarze war mit einem Freund da, und Roland setze sich zu den beiden an den Tisch. Der Freund war ganz nett, doch reizte er Roland nicht im mindesten. Aber der Dunkle ... Nicht weil er so jung war. Nein, aber noch nie, noch nie hatte er einen so hübschen Jungen geküßt, und noch nie, noch nie hatte er so sehr den Eindruck der Selbstverständlichkeit, der Leichtigkeit gehabt. Diesen Menschen hatte er eben geküßt! Roland tanzte mit ihm, aber nur einmal, denn dem Burschen machte es mehr Spaß, mit einem anderen Jungen eine große Schau nach der anderen vorzuführen. Roland staunte ihn an, zwischendurch tanzte er einmal mit dem Freund, und wie die meisten Männer hier tanzten sie eng, so eng, daß sie durch die Hosen einer des andern Geschlecht fühlen konnten.

Es ging auf vier Uhr, die Budike leerte sich langsam. Auch der Schwarze und sein Freund brachen auf, und obwohl Roland wußte, daß es für ihn da nichts zu gewinnen gab, ging er mit ihnen, was umso einfacher war, als die beiden ungefähr in dieselbe Richtung wollten wie er. So bummelten sie zusammen durch die dunkle menschenleere Stadt, lachten, machten ein paar obszöne Witze. Roland konnte nicht herausfinden, wie eng die Beziehung war, die die beiden da neben ihm miteinander verband; gewiß schien nur, daß sie sich lange und gut kannten und offenbar für die nächsten Tage irgendeine Verabredung miteinander hatten.

Plötzlich blieben die beiden stehen. »Aus!« dachte Roland und fragte: »Und jetzt?« Der mit den schwarzen Locken zeigte auf seinen Freund, wies eine Straße hinunter und sagte. »Er muß hier rauf.« Freude durchzuckte Roland – er würde also noch ein Stück mit dem Jungen allein gehen können. Sie unterhielten sich noch ein Weilchen, an dem Haus hinter ihnen glänzte ein Messingschild »Stadtbücherei«, Roland las es und las es, während sie sich unterhielten, schließlich verabschiedete sich der eine und machte sich auf seinen Weg. Nach ein paar Schritten drehte er sich um und rief den beiden halblaut zu: »Viel Vergnügen!« »Dumme Ziege!« rief ihm der Junge nach, dann gingen Roland und er langsam weiter, und nach zwanzig Schritten gingen sie Hand in Hand.

Wie kam dies alles, wie konnte sich das gänzlich Unerwartete so fügen? Roland schien, er sei noch nie mit einem so hübschen Jungen so einverständig zusammenge- wesen – noch nie hatte er so sehr das Gefühl gehabt, das ganz und gar Unwahrscheinliche sei ihm zuteil geworden, ja das Unmögliche geschehen. Mitten auf der Straße umschlang er den Jungen und küßte ihn, fuhr ihm durch die schwarzen Locken. »Auf der Straße!« sagte er, »Es kommt ja niemand!« antwortete Roland, und Hand in Hand gingen sie weiter. Nur wenn, selten genug, ein Auto sich näherte, taten sie die Hände für einen Augenblick auseinander und faßten sich von neuem, wenn das Auto vorüber war. »Ich würde dich gern in mein Hotel mitnehmen, aber es ist unmöglich«, sagte Roland. »Das ist immer schwierig!« sagte der Junge. Sie gingen eine breite Straße hinunter, an der hinter tiefen Vorgärten vornehme drei- und vierstöckige Mietshäuser aus der Zeit der Jahrhundertwende standen. Eine Pforte war offen, man sah einen Weg am Haus vorbei in das hintere Grundstück führen; die beiden sahen sich an, und leise schlichen sie den knirschenden Kiesweg hinunter in den Garten. Dort hinter dem Haus gab es nur einen Platz, wo sie bleiben konnten: eine weißgestrichene Gartenbank, die direkt an der Rückfront des Hauses stand – anderthalb Meter unter den Fenstern der Parterrewohnung.

Es war Nacht, die Sterne waren von einer dünnen Wolkenschicht verdeckt, nur dann und wann blinkten einige für einen kurzen Moment auf und verschwanden wieder. Kein Lüftchen ging, still stand die milde Vorfrühlingsluft in dem dunklen Garten, der im wesentlichen aus einer Kiesfläche und einem Stückchen Rasen bestand. Ein großer alter Baum reckte seine noch kahlen Äste, das weiße Holz der Bank schimmerte graublau. Im ersten Stock über ihnen stand ein Fenster offen, und man hörte den ruhigen Atem eines Schläfers. Halb ausgezogen drängten die beiden auf der Gartenbank sich aneinander, und es war Roland, als sei dies das erste Mal. Das erste Mal, wo er wirklich das bekommen hatte, was er wirklich und von jeher wollte. Und von neuem preßte er den Burschen an sich.

Einmal, sie waren eben für einen Moment von der Bank aufgestanden, hörten sie den Schläfer oben husten. Da merkten sie, daß es langsam hell wurde. Die Dämmerung war gekommen, ließ die Umrisse abgestellter Gerätschaften in dem Garten erkennen, machte den Kies weiß. Die Bank selbst sah plötzlich wie ein Requisit des Tages aus und war doch noch eben eine nächtliche Lagerstatt gewesen. Sie hörten die ersten Vögel zwitschern, der Mann oben hustete abermals. Es wurde Zeit.

Ein paar Minuten später, als sie ihre Kleider wieder in Ordnung brachten, begann es sie beide zu frösteln. Und dann, indes der diesige Morgen mit jedem Augenblick heller wurde, gingen sie, eng an das Haus gedrückt, damit man sie von den Fenstern aus nicht sehen könne, über den knirschenden Kies wieder hinaus auf die Straße. »Wenn jetzt eine Taxe kommt, die muß ich nehmen!« sagte der Junge und versuchte, seine schwarzen Locken zu ordnen. Sie waren noch keine zwanzig Schritte gegangen, als langsam eine Taxe auf sie zufuhr, der Schwarze winkte ihr, sie hielt. »War schön. Tschüs!« sagte der Junge, gab Roland die Hand, Roland sah ihn an. »Ja«, sagte er, »tschüs. Mach 's gut.« Und der Schwarze sprang in den Wagen, der fuhr ab, Roland winkte ihm nach, der drinnen winkte zurück, war nicht mehr zu erkennen, und Roland wußte, daß er ihn niemals wiedersehen würde.

Langsam ging er durch den grauenden Morgen seinem Hotel zu. Um ihn herum erwachte die Stadt, die ersten Straßenbahnen klingelten, Zeitungsfrauen kamen ihm entgegen, vor den Haustüren standen weiße Milchflaschen. Ihn fröstelte stärker, er sah auf die Uhr, es war halb sechs. Und doch war er noch nie so froh, so leichten Herzens irgendwann irgendwohin heimgekehrt. Zugleich sagte er sich, daß dieses Glücksgefühl ganz unbegründet sei, denn was er besessen hatte, hatte er auch verloren. Aber daß es dies gab, daß es dies überhaupt gab, daß dies nicht nur eine Möglichkeit seiner Phantasie, sondern eine Möglichkeit der Wirklichkeit war! Und Hand in Hand die Straße hinab . . . Gartenbank . . . Vorbei. Möglichkeit und Unmöglichkeit. Glück. Aber so viel Alleinsein. Unmöglichkeit, Schmerz des Vorbei. Aber diese Stunde, aber Glück –. Und Roland fragte sich, was wohl aus ihm geworden wäre, wenn er, als er siebzehn, achtzehn oder zwanzig war, sich mehr hätte gehen lassen, ob er dann wohl untergegangen wäre in einer Finsternis, die er nicht kannte. Und fragte sich, was wohl einmal aus diesem Jungen werden würde, der da jetzt einer dunklen Wohnung entgegenfuhr, vielleicht schon dort angekommen war. Nein, er würde es nicht erfahren. Vielleicht hätte er ihn doch nach seinem Namen fragen sollen? Roland schüttelte den Kopf. Es wäre so sinnlos gewesen, dies nicht zu versäumen. Und doch war es ein Versäumnis und würde es für immer bleiben. Zum erstenmal in seinem Leben fiel Roland auf, daß er im geheimen mit dem Gedanken lebte, all das, was er sich in früheren Jahren – und, wie er auch jetzt noch hoffte, zu seinem Nutzen – versagt hatte, oder was jene Jahre ihm vorenthalten hatten, all das eines Tages nachholen zu können. Daß er mit einer Hoffnung lebte, die mit dem Satz begann: »Wenn ich wieder achtzehn bin –« Aber er würde keine achtzehn mehr sein, er war achtundzwanzig, und nichts würde zurückkehren. – Die Leichtigkeit dieser Nachtstunden heute war eher ein Ende gewesen als ein Anfang, ein Ende, in dem sich noch einmal Möglichkeiten zeigten, die nicht seine Möglichkeiten gewesen waren und wahrscheinlich nie sein würden. Und doch mußte Roland lächeln, wie er so zu seinem Hotel ging, und es war eine Heiterkeit in ihm, die seine leichte Traurigkeit in sich löste wie Wasser Salz. Gartenbank. Noch ungeöffneten Gesichts kamen ihm Leute entgegen, die zur Arbeit mußten, hier und da hingen volle Brötchenbeutel an den Türen, ein Verkehrspolizist bezog seinen Posten auf einer Kreuzung. Roland spürte den Geschmack der dunklen Haare in seinem Mund und stellte sich das Gesicht des Jungen vor, da, an dem Haus. Von neuem mußte er lächeln, und lächelnd ging er auf sein Hotel zu, »Residenz« stand dort, schlafen würde er jetzt, ja schlafen.

# Zum Text

Der Text *Zaunwerk. Szenen aus dem Gesträuch* ist im Archiv des Schwulen Museums (Berlin) im Nachlass Felix Rexhausen überliefert. Er liegt vor als Manuskript (M) (Bleistift auf Papier, Nachlass I.2/8) und als Durchschlag eines Typoskripts (T) (I.2/9). Der Vergleich zeigt, dass T eine Reinschrift von M ist. Während M die Handschrift Felix Rexhausens zeigt, lässt sich nicht mit Sicherheit sagen, wer das Typoskript erstellt hat; es ist aber wahrscheinlich, dass Rexhausen selbst das Manuskript abgetippt hat. Auch bei den handschriftlichen Korrekturen in T ist die Urheberschaft Rexhausens wahrscheinlich.

Zusammen mit T ist ein handschriftliches Vorwort ohne Überschrift (Bleistift auf Papier) überliefert, das wohl nachträglich zwischen Titelblatt und Textbeginn eingefügt wurde.

M nennt am Textschluss als Verfassernamen »Ahrengall«. Darunter ist M mit anderem Stift auf den 28. Januar 1964 datiert und mit dem Orthonym des Autors versehen. Auf dem Titelblatt von T ist die handschriftliche Datierung »1963« ebenfalls handschriftlich in »1964« korrigiert. Als Autor firmiert hier »Hans Rudolf Ahrengall«, ein Pseudonym, das Rexhausen nur dieses eine Mal verwendete. Das Pseudonym wurde nachträglich durchgestrichen und durch das Orthonym ersetzt. Entsprechend bleibt das am Schluss des Vorworts stehende Kürzel »H. R. A.« im vorliegenden Text unberücksichtigt.

Grundlage des vorliegenden Textes ist T und für das Vorwort die in T eingelegten Blätter. Der Text von T weist eine sehr uneinheitliche und teilweise fehlerhafte Interpunktion und eine zum Teil uneinheitliche Orthographie auf. Beides wurde behutsam nach den Normen der Zeit verein-

heitlicht; Vorlieben und Eigenheiten wie etwa die Klein-
schreibung französischer Wörter (»grand dame«, »chose«)
oder die Schreibweise »Blue Jeans« statt »Blue jeans« (laut
Duden 1961), die häufige Verwendung des Semikolons oder
der uneinheitliche Gebrauch von ». . .« und »—« zur Markie-
rung von Pausen blieben erhalten. Das Zeichen »=«, das im
Typoskript oft für einfache Anführungsstriche innerhalb
von wörtlicher Rede verwendet wird, wurde in einfache
Anführungsstriche › ‹ umgewandelt. Alle Zahlen – außer
Jahreszahlen – wurden ausgeschrieben, Unterstreichungen
sind *kursiv* wiedergegeben.

Offensichtliche Fehler wurden korrigiert; in Zweifels-
fällen wurde M herangezogen.[1] Gegen T sind die ersten
Wörter eines Abschnitts durch KAPITÄLCHEN hervorgehoben.

B. W.

1) Ein zweifelhafter Fall, der von den dokumentierten Grund-
sätzen nicht gedeckt ist, sei hier verzeichnet: S. 106 Zeile 22–23:
»Trug der eine ein grünes Badetuch mit Rot und der andere das
gleiche in Rot und Grün?«, aus T: »Trug der eine ein grünes Badetuch mit Rot und der andere das gleiche in Rot und Grün hat?«,
M: »Wo der eine ein grünes Badetuch mit Rot und der andere das
gleiche in Rot mit Grün hat?«

Markstein, Zaunwerk, Himmelsleiter

Zu Felix Rexhausens Roman

*Zaunwerk*

## I. Das Motiv der Jakobsleiter

Nach dem Vorwort und einer Szene, die die sexuelle
Begegnung zwischen zwei männlichen Jugendlichen schildert, treffen die Leser_innen von Felix Rexhausens *Zaunwerk. Szenen aus dem Gesträuch* auf einen unerwarteten Satz.[1]
Das Vorwort verspricht Antwort auf die Frage »Wie leben
Homosexuelle – hier, in dieser Gesellschaft der Bundesrepublik heute, in den Sechzigerjahren des 20. Jahrhunderts?«
Die Schilderung der Jugendszene läßt sich dem zuordnen; es
könnte nun also losgehen mit dem ›Leben‹ der erwachsenen
bundesdeutschen Homosexuellen – aber es folgt ein Satz
über Engel: »Auf der Leiter, die Jakob im Traum sah, stiegen
die Engel auf und nieder – die Leiter war für sie kein Weg,

---

1) Für Kommentare, Diskussionen und Unterstützung danke
ich Axel Bach, Betina Heinrichs, Marco Kammholz, Thomans
Pfaff, Hans Rillow, Kristine Schmidt (Schwules Museum, Berlin)
und Martin Sölle. – Vereinzelte Übernahmen aus meinen eigenen
Publikationen über Felix Rexhausen sind nicht eigens gekennzeichnet; verwiesen sei generell auf: Benedikt Wolf: Mit Deutschland leben! Felix Rexhausens Literatur zwischen Zersetzung und
Formspiel (Berlin 2020).

dessen Strecke zurückzulegen war, sondern ein Aufenthaltsort, dessen Dimensionen sie auf- und niedersteigend ausmaßen.« (S. 16)

In einem Text über homosexuelle Männer, der sich im Vorwort auch noch als »Reportage« und »Bericht« vorstellt, ist diese Paraphrase einer Bibelstelle einigermaßen überraschend. In der Genesis wird erzählt, wie Jakob seinem Bruder Esau den Erstgeburtssegen des Vaters ablistet und sich, vor dem Bruder fliehend, auf den Weg zur Brautwerbung bei seinem Onkel Laban macht. Unterwegs macht Jakob Rast und träumt, den Kopf auf einen Stein gebettet, von der »Leiter, die da stand auf der Erde und mit der Spitze den Himmel berührte«. Wie bei Rexhausen ist auch in der Bibel von der Bewegung der Engel die Rede, die »auf und nieder[stiegen]« (Gen. 28, 12).[1] Schließlich erscheint Gott oben auf der Leiter und spricht seine Verheißung an Jakob: »Das Land, auf dem du schläfst, will ich dir und deinem Samen geben. Und dein Same soll werden wie der Staub der Erde [. . .]. Und ich will dein Hüter sein, wohin du auch ziehest, und will dich in dieses Land wieder zurückbringen« (Gen. 28, 13–15). Die Traumepisode markiert eine prekäre Stelle in Jakobs Biographie, der sich im Niemandsland zwischen Ursprungsfamilie und Brautwerbung, zwischen Sohnes- und Vaterrolle aufhält. An diesem Punkt hat Jakob Zuspruch nötig und erhält ihn durch Gottes Wort im Traum. Die Jakobsleiter der Genesis vermittelt die Kommunikation

---

1) Ich zitiere hier und im Folgenden: Die Heilige Schrift des Alten und Neuen Testamentes. Aus der Vulgata mit Bezug auf den Grundtext übersetzt von Dr. Joseph Franz von ALLIOLI weiland katholischer Dompropst in Augsburg. Text der vom apostolischen Stuhle approbierten Ausgabe (Wien 1950).

Gottes mit Jakob, der Transzendenz mit der Immanenz, des Sakralen mit dem Profanen. Sie ist ein Kommunikationskanal, ein Medium, Instrument der Vermittlung. Diese Eigenschaft wird unterstrichen durch die ursprüngliche Bedeutung des hebräischen Wortes *malakh* (und der griechischen und lateinischen Wörter *ángelos* / *angelus*, von denen das deutsche ›Engel‹ abstammt), das ursprünglich den Boten bezeichnet. Neben ihrer vermittelnden Funktion ist die Jakobsleiter, wie sie *Zaunwerk* in Bezug auf die Bibel einführt, durch ein weiteres Moment charakterisiert. *Zaunwerk* betont, dass die Vermittlung einen eigenen Raum einnimmt.

An den Rekurs auf die Himmelsleiter (oder Himmelstreppe – wie sich die Bibelstelle auch übersetzen läßt) schließt sich bei Rexhausen die Beschreibung einer anderen Treppe an, die den Leser in die Realität der Erzählung führt: »So verweilen die Leute auf der Spanischen Treppe in Rom.« (S. 16) Das ›so‹ setzt das ›Auf- und Niedersteigen‹ der Engel auf der Jakobsleiter in eine Vergleichsbeziehung mit dem ›Verweilen‹ der Römer_innen auf der Spanischen Treppe. Auch sie verstehen die Treppe offensichtlich nicht als einen »Weg, dessen Strecke zurückzulegen war«, sondern vielmehr als einen »Aufenthaltsort, dessen Dimensionen sie auf- und niedersteigend ausmaßen«. Zugleich stellt der Text die Himmelsleiter und die Spanische Treppe als gerichtete Wegstrecken dar. In Bezug auf die Himmelsleiter tut er das über den Kontext der Genesis, in Bezug auf die Spanische Treppe tut er es explizit. In der Genesis findet die vertikale Kommunikation von Gott zu Jakob hinab ihren Weg über die Leiter; die Spanische Treppe führt den Protagonisten dieser Szene, Eberhard Weymann, der einem jungen Mann folgt, schließlich nach oben: »Und wirklich stieg er die Treppe herauf, bis oben hin, ging schräg hinter Eberhard zu den schmaleren Stufen, die in den Park der Villa Borghese führten, und stieg auch die hinauf. Eberhard wartete einen Moment, dann ging er auch in das kühle Dunkel des Parks.« (S. 19)

Bevor die beiden Männer in den Park gehen, ihr auf- und absteigendes Verweilen zu einem vorläufigen Ziel führt, beschreibt *Zaunwerk* ausführlich die Bewegungsabläufe der Menschen auf der Spanischen Treppe:

> Sie gehen ein paar Stufen hinauf, vorüber an Kindern und Frauen und Halbwüchsigen, an Männern und Greisen, die dort sitzen, sie lehnen sich an das steinerne Geländer und reden, sie gehen abermals ein paar Stufen, sie überqueren die erste Plattform, sie beugen sich dort über die Balustrade, sie kehren zurück, schauen und sprechen mit irgendwem, sie stehen einen Moment vor den bunten Auslagen der Blumenfrau, sie gehen zu zweit, zu dritt, zu fünft, allein auf der anderen Seite der Treppe wieder einige Stufen hinauf, halten inne, wandern entschlossen bis ganz nach oben, von links nach rechts, von rechts nach links, wie die Treppe sie führt, zwischen den sonnensatten Häusern, bis ganz nach oben, von wo man auf Rom blickt, und immer sieht man nur einen Teil Roms, und die späte Vormittagssonne verwischt die gleißenden Umrisse bis hin zu der dunstigen Kuppel der Peterskirche, und sie steigen wieder ein Stück hinunter, setzen sich auf die Stufen, auf den Lauf des breiten Geländers selbst, und die eine Seite der Treppe liegt in der Sonne, und die andere im Schatten, und wieder gehen sie ein paar Stufen hinauf oder hinunter, zu zweit, zu dritt, in einer ganzen Schar oder allein, und dazwischen spielen die Kinder und springen Stufen hinauf, hinab. (S. 16)

Der Text führt seine Leser_innen geradezu vor eine Bühne, auf der eine Choreographie aufgeführt wird. In seinem mäandernden Satzbau schmiegt er sich diesen scheinbar zufälligen Bewegungsabläufen an, vollzieht sie nach, lässt sie spürbar werden. Mit seiner Aufmerksamkeit auf das, was geschieht, bevor sich zwei Männer aus der Vielzahl der die Treppe Bevölkernden herauslösen und sich schließlich in den Park aufmachen, bespielt der Text selbst jenen Zwischenraum der Vermittlung, den die Engel des Vergleichs und die Leute auf der Treppe ausschreiten.

Diese Passage, die an der Stelle steht, an der *Zaunwerk* einzulösen beginnt, was im Vorwort angekündigt wurde, verdichtet einige Momente, die den folgenden Erzähltext ausmachen. Dazu gehört die Aufmerksamkeit für Momente der Vermittlung, aber auch die Aufmerksamkeit für die Choreographien des Begehrens. Mit ähnlich mäandernden Sätzen beschreibt *Zaunwerk* an verschiedenen Stellen die Bewegungsabläufe von Männern, die auf der Suche nach Sex mit Männern durch Parks und öffentliche Toiletten streifen. Der Text lässt eine nonverbale Bewegungssprache hörbar werden, wie sie für die sexuelle Kultur homosexueller Männer charakteristisch war und noch immer ist: eine Sprache aus Handlungen und Blicken, aus Pausen und Tempowechseln; eine Sprache, die die Vermittlung von Sex und manchmal auch Liebe zum Ziel hat; eine Sprache aber auch, die sich in ihrer Vermittlungsfunktion nicht erschöpft. Das Sprechen dieser weitgehend wortlosen Sprache bereitet offensichtlich zuweilen an und für sich Lust. Darin ist sie wiederum der Sprache in der Literatur ähnlich, die in ihrer Selbstbezüglichkeit ästhetische und erotische Effekte zeigt. *Zaunwerk* reflektiert seine poetische Sprache in den Bewegungsabläufen des Begehrens, und umgekehrt: der Text zeigt das Cruising als eine Sprache, die der poetischen Sprache vergleichbar ist.

Die Passage über die Engel und die Spanische Treppe verdichtet aber noch ein weiteres Moment, das den Gesamttext charakterisiert: Von den Engeln geht der Text nicht gleich zu den männlichen Homosexuellen über; erst einmal haben wir es mit »Leuten« im Allgemeinen und einschließlich »Kindern und Frauen« ein. Die wortlose Bewegungssprache, die auf der Spanischen Treppe gesprochen wird, unterscheidet sich nicht radikal von derjenigen, die die homosexuellen Männer im Park sprechen. Und die Gruppe der »Leute« lässt sich von der Gruppe der Homosexuellen ja auch gar nicht unterscheiden: Eberhard und Giorgio – so stellt sich der junge Mann dem Protagonisten schließlich vor – sind zunächst Leute unter Leuten und geben sich erst durch das Schibboleth ihres besonderen Bewegungs- und Blickdialekts zögerlich einander zu erkennen. Indem er die Jakobsleiter, die eine vertikal nach unten gerichtete Kommunikation vermittelt, mit der Spanischen Treppe, die eine vertikal nach oben gerichtete Bewegung vermittelt, vergleicht, verdeutlicht der Text, dass die einen immer auch das andere sein können, dass die Welten der Heterosexuellen und der Homosexuellen nicht voneinander getrennt, sondern ineinander verschlungen sind: Die homosexuellen Räume sind in der heterosexuellen Welt enthalten – und zugleich nutzen die Homosexuellen heterosexuelle Räume; die homosexuellen Akteure sind immer auch Akteure in der heterosexuellen Welt – und andersherum tauchen (scheinbare) Heterosexuelle in den homosexuellen Räumen auf.

Für diesen merkwürdigen Raum des Dazwischen, der Vermittlung und des Kippens findet *Zaunwerk* ein eindrückliches Bild: das *Gesträuch*:

Das Gesträuch ist überall. Wenn Sie hineinsähen, Sie würden Ihren Sohn, Ihren Freund, Ihren Bruder entdecken. Wenn Sie hineinsähen, Sie würden sich abwenden. Wenn Sie hineinsähen, Sie würden finden, daß so niemand leben darf. Und tiefer verlören sich die Schatten in das Gesträuch. (S. 6)

Der Raum der Vermittlung, des Übergangs und des Kippens, in dem unversehens der Sohn, Freund oder Bruder erscheinen kann, ist auch der Raum zwischen Ich und Du, zwischen Erzähler und Leser_in. *Zaunwerk* stellt sich selbst als das »Gesträuch« dar, von dem es spricht.

Vermittlung, Übergang und Kippen – das sind drei Momente, die hier miteinander verschränkt werden. Ich nehme die eindrückliche Figur der Jakobsleiter und ihren Bezug auf die Spanische Treppe zum Anlass, um *Zaunwerk* als einen Text zu beleuchten, der den Raum der Vermittlung einnimmt, ein Niemandsland zwischen ihnen und uns, zwischen hier und dort, zwischen diesseits und jenseits, zwischen damals und später bespielt und diese Gegensätze ineinander kippen lässt. In diesem Sinne zeichne ich in drei Bögen die Vermittlungsräume nach, in denen *Zaunwerk* steht, die es ausmisst und die es erzeugt. Ich gehe von der historischen und biographischen Zeit aus, in der der Text entstanden ist (II), umreiße die Stellung von *Zaunwerk* im Werk Rexhausens (III) und stelle schließlich eine Lektüre des Textes zur Diskussion, die von seiner Struktur ausgeht (IV).

## II. Felix Rexhausen in den frühen 1960er Jahren

Der 1964 abgeschlossene Text *Zaunwerk*[1] lässt sich durchaus als Kind seiner Zeit lesen – allerdings als ein frühreifes Kind, das, im Sinne des Motivs der Jakobsleiter, im Alten steht und schon ans Neue heranreicht. Für die homosexuellen Männer, die *Zaunwerk* zu seinen Figuren macht, bedeutete die Niederlage des nationalsozialistischen Deutschen Reichs und die Gründung der Bundesrepublik kein Ende der Verfolgung. Hans-Joachim Schoeps konnte 1963 mit einigem Recht behaupten: »Für die Homosexuellen ist das Dritte Reich noch nicht zu Ende.«[2] Die Bundesrepublik übernahm 1949 den § 175 des Reichsstrafgesetzbuches nicht wie die DDR in der Fassung der Weimarer Republik, sondern in der 1935 im Nationalsozialismus verschärften Fassung. In einer über die Grenzen der Bundesrepublik hinaus von Homosexuellen wahrgenommenen Verhaftungs- und Verfahrenswelle von 1950/51 vor allem in Frankfurt am Main machte der Staat deutlich, dass es ihm mit der Verfolgung von Straftaten nach diesem nationalsozialistischen Paragraphen ernst war.[3] 1957 entschied das Bundesverfassungsgericht, bei dem Paragraphen handele es sich nicht um spezifisch nationalsozialistisches Unrecht.[4]

1) Zur Überlieferung siehe S. 169.

2) Hans-Joachim Schoeps: Überlegungen zum Problem der Homosexualität, in: Hermanus Bianchi u. a. (Hg.): Der homosexuelle Nächste. Ein Symposion (Hamburg 1963) S. 74–114, hier S. 86.

3) Vgl. Daniel Speier: Die Frankfurter Homosexuellenprozesse zu Beginn der Ära Adenauer – eine chronologische Darstellung, in: Mitteilungen der Magnus-Hirschfeld-Gesellschaft 61/62 (2018) S. 47–72.

4) Vgl. Georg Härpfer: Der lange Weg zur Rehabilitierung. Zum

Dem standen in den frühen 1950er Jahren durchaus nennenswerte Bemühungen der Gegenwehr entgegen, die es rechtfertigen, von einer Zweiten deutschen Homosexuellenbewegung zu sprechen. Nationale Organisationen entstanden und betrieben erfolgreich die internationale Vernetzung mit Gruppen in Nord- und West-Europa und den USA. Sie setzten sich gegen die repressive Gesetzgebung ein und widersprachen dem sexualreaktionären Zeitgeist – freilich oftmals, indem sie dem verzerrten Bild des homosexuellen Verbrechers ein ebenfalls verzerrtes Bild des idealen Homosexuellen gegenüberstellten.[1] Ein solches Bild wurde auch in einer der beiden einzigen langlebigen Homosexuellenzeitschriften dieser Zeit im deutschsprachigen Raum, dem bereits 1943 begründeten zwei-, später dreisprachigen Schweizer *Kreis* gezeichnet.[2]

Nach dem »bemerkenswerten kollektiven Aufbruch«[3] der frühen 1950er Jahre erlebten die homosexuellen Initiativen aber einen solchen Niedergang, dass in den 1960er

Nachwirken des § 175 StGB bis in die Gegenwart, in: Jahrbuch Sexualitäten 2019 (Göttingen 2019) S. 97–116.

1) Andreas PRETZEL – Volker WEISS: Überlegungen zum Erbe der Zweiten deutschen Homosexuellenbewegung, in: DIES. (Hg.): Ohnmacht und Aufbegehren. Homosexuelle Männer in der frühen Bundesrepublik (Hamburg 2010) S. 9–26.

2) Vgl. Hubert KENNEDY: Der Kreis. Eine Zeitschrift und ihr Programm (Berlin 1999). Daneben erschien in Hamburg von 1951 bis 1970 die Zeitschrift *Der Weg zu Freundschaft und Toleranz* (zunächst bis 1952 *Die Insel der Freundschaft und Toleranz*); vgl. Gottfried LORENZ: Die Homosexuellenzeitschrift ›Die Insel / Der Weg‹ von 1951–1956, in: DERS.: Töv, di schiet ik an. Beiträge zur Hamburger Schwulengeschichte (Berlin 2013) S. 248–331.

3) PRETZEL – WEISS: Überlegungen S. 12.

Jahren kaum mehr von einer Bewegung gesprochen werden kann. In diese Zeit fällt auch der Entwurf eines Strafgesetzbuches, den die von Konrad Adenauer geführte Bundesregierung 1962 vorlegte. Der Entwurf schlug eine geringfügige Abmilderung des Paragraphen vor,[1] enthielt in der Begründung aber zugleich durch und durch reaktionäre Sätze: »Wo die gleichgeschlechtliche Unzucht um sich gegriffen und großen Umfang angenommen hat, war die Entartung des Volkes und der Verfall seiner sittlichen Kräfte die Folge.«[2] Felix Rexhausen hat die skandalösen Formulierungen dieses Entwurfs in seinem 1966 veröffentlichten Roman *Lavendelschwert* beißend kritisiert, indem er Zitate daraus als einziges authentisches Dokument in seine erfundenen *Dokumente einer seltsamen Revolution* (so der Untertitel) einfügte.[3]

Erst 1969 begann mit einer unter Kurt Georg Kiesin-

---

1) Vgl. Christian SCHÄFER: Das Ringen um § 175 StGB während der Post-Adenauer-Ära. Der überfällige Wandel einer Sitten- zu einer Jugendschutzvorschrift, in: PRETZEL – WEISS (Hg.): Ohnmacht und Aufbegehren S. 189–209, hier S. 191–192.

2) Deutscher Bundestag: Drucksache IV/650: Entwurf eines Strafgesetzbuches (StGB), 1962, S. 359–384, hier S. 377; https://dipbt.bundestag.de/doc/btd/04/006/0400650.pdf (letzter Zugriff am 6. 10. 2020).

3) Rexhausen collagiert das Zitat aus mehreren Formulierungen des Entwurfs: Felix REXHAUSEN: Lavendelschwert. Dokumente einer seltsamen Revolution (Frankfurt am Main 1966) S. 50. Erneut zitiert er dieses Dokument als einziges authentisches in seiner Sammlung erfundener historischer Dokumente: Germania unter der Gürtellinie. 69 Beispiele (Bern u. a. 1970) S. 207–210, diesmal nicht nur zur männlichen Homosexualität, sondern auch zu anderen »Straftaten gegen die Sittlichkeit« (S. 207); vgl. Deutscher Bundestag: Drucksache IV/650 S. 359–384.

gers Großer Koalition durchgeführten Reform des § 175, die sexuelle Handlungen zwischen erwachsenen Männern weitgehend legalisierte, die Periode des sogenannten ›Nachseptembers‹ (die Reform trat am 1. September 1969 in Kraft). Die DDR hatte ein Jahr zuvor sexuelle Handlungen zwischen männlichen Erwachsenen legalisiert. Im Rückblick erscheint der Nachseptember als eine Zwischenzeit zwischen der Strafrechtsreform und der Schwulenbewegung der 1970er Jahre, als deren ›Initialzündung‹ der Film von Rosa von Praunheim *Nicht der Homosexuelle ist pervers, sondern die Situation, in der er lebt* von 1971 und die sich an die Vorführungen anschließenden Diskussionen und Gruppengründungen gilt.[1] Unmittelbar nach dem Inkrafttreten der Reform begannen die beiden Homosexuellenzeitschriften *Du & Ich* und (etwas später) *him* zu erscheinen, die ein gewandeltes gesellschaftliches Klima anzeigen.[2]

Dieser Wandel betraf nicht nur die Homosexuellen. Die 1960er Jahre waren für die Bundesrepublik bedeutende Jahre des Aufbruchs. Viele, vor allem jüngere und liberal bis links orientierte Bundesbürger_innen, die die Adenauer-Ära als eine bleierne Zeit des Stillstands erlebt hatten, begannen, die bundesrepublikanischen Realitäten in Frage zu stellen.

1) Vgl. zum Praunheim-Film und zur Schwulenbewegung der 1970er Jahre Patrick HENZE: Schwule Emanzipation und ihre Konflikte. Zur westdeutschen Schwulenbewegung der 1970er Jahre (Berlin 2019), besonders S. 153–184; Andreas PRETZEL – Volker WEISS (Hg.): Rosa Radikale. Die Schwulenbewegung der 1970er Jahre (Hamburg 2012).

2) Vgl. Michael SCHWARTZ: ›Warum machen Sie sich für die Homos stark?‹ Homosexualität und Medienöffentlichkeit in der westdeutschen Reformzeit der 1960er und 1970er Jahre, in: Jahrbuch Sexualitäten 2016 (Göttingen 2016) S. 51–93, hier S. 66–67.

Ein bedeutendes Ereignis waren die Auschwitz-Prozesse ab 1963, die die Kontinuitäten zwischen Nationalsozialismus und Bundesrepublik deutlich werden ließen. Der Aufbruch der 1960er Jahre war zugleich ein sexueller Aufbruch. Schüler- und Studentenbewegung stellten den repressiven sexualmoralischen *common sense* in Frage, sprachen von sexueller Emanzipation und sexueller Revolution und stellten Versuche an, eine befreite Sexualität als Antizipation einer kommenden sexuellen Utopie in die Tat umzusetzen.[1]

Felix Rexhausen, 1932 in Köln in bürgerliche Verhältnisse hineingeboren, trat in dieser Zeit eines sich anbahnenden gesellschaftlichen Wandels an die Öffentlichkeit.[2] Er hatte seine Kindheit in Leipzig und Hamburg verbracht und dann Volkswirtschaftslehre studiert. Nach dem Studium arbeitete er von 1956 bis 1959 als Assistent von Günter Schmölders an der Universität Köln, wo er 1959 promoviert wurde.

1) Vgl. Ulrike HEIDER: Vögeln ist schön. Die Sexrevolte von 1968 und was von ihr bleibt (Berlin 2014) S. 14–109.

2) Vgl. zur Biographie: Felix REXHAUSEN: Lebenslauf (Typoskript, undatiert, Schwules Museum, Berlin, Nachlass Rexhausen III, Nr. 1); Karen-Susan FESSEL – Axel SCHOCK: Rexhausen, Felix, in: DIES.: Out! 500 berühmte Schwule, Lesben und Bisexuelle (Berlin 1997) S. 253; Bernhard ROSENKRANZ – Gottfried LORENZ: Hamburg auf anderen Wegen. Die Geschichte des schwulen Lebens in der Hansestadt (Hamburg 2005) S. 268–269; Bernd-Ulrich HERGEMÖLLER: Rexhausen, Felix, in: DERS. (Hg.): Mann für Mann. Biographisches Lexikon zur Geschichte von Freundesliebe und mannmännlicher Sexualität im deutschen Sprachraum (Berlin 2010), Teilband 2, S. 975; Axel BACH: Felix-Rexhausen-Platz, 50668 Köln, in: HIStory 2 (2014) S. 9–11; Thomas PFAFF: So viele Träume. Das Sendungsbedürfnis des Felix Rexhausen (DLF/SWR, Erstausstrahlung 31. 1. 2017).

In dieser Zeit und bis in die frühen 1960er Jahre hinein veröffentlichte er in wissenschaftlichen Verlagen und Zeitschriften. Der junge Wissenschaftler bewegte sich in den Bahnen einer liberalen Wirtschafts- und Sozialwissenschaft, verband dies aber auch mit einem Engagement für die Menschenrechte: 1961 war er an der Gründung der westdeutschen Sektion von *Amnesty International* beteiligt und wurde ihr erster Schatzmeister.[1]

Daneben belegen erste an ein breiteres Publikum adressierte Veröffentlichungen einen weiteren ideologischen Einfluss: In der römisch-katholischen Zeitschrift *Die Neue Ordnung* veröffentlichte Rexhausen 1958 zwei Aufsätze, in denen er wirtschaftspolitische Fragestellungen aus einer christlichen Perspektive erörtert.[2] Die katholische Prägung des jungen Rexhausen – er konvertierte in den 1950er Jahren zum Katholizismus[3] – ist`nicht zu unterschätzen. Sie wird nicht nur in unveröffentlichten literarischen Texten der frühen 1950er Jahre deutlich;[4] noch im unveröffentlichten

---

1) Vgl. Linda SCHMIDT: Innenansichten – Gespräche mit Gründerinnen und Gründern der deutschen Sektion von *amnesty international*, in: Amnesty International (Hg.): 40 Jahre für die Menschenrechte (Neuwied 2001) S. 47–56; Lora WILDENTHAL: The Language of Human Rights in West Germany (Philadelphia 2013) S. 76–88.

2) Felix REXHAUSEN: »Economie et Humanisme«. Ein französisches Institut, in: Die Neue Ordnung 12 (1958), Heft 3, S. 228–230; Die westliche Welt und der Hunger, Heft 4, S. 267–274.

3) Mündliche Mitteilung von Rexhausens Schwester Betina Heinrichs an den Verf., 23. 4. 2021.

4) Felix REXHAUSEN: Sehnsucht der ewigen Hügel (Manuskript 1950, Nachlass I.2/2) mit »Herz Jesu«-Anrufung zu Beginn jedes Gedichts, dem Christusmonogramm (S. 27) und »S[oli] D[eo]

Romanmanuskript *Glück ist Glück. Die Aufzeichnungen von Adam Speervogel,* das wahrscheinlich in den späten 1970er oder frühen 1980er Jahren entstanden ist,[1] findet sich ein Reflex dieser Prägung in der Thematisierung katholischer Seelenlagen. Dort kommt der selbst aus einem »ganz und gar nicht« religiösen Elternhaus stammende und »bisher konfessionslose« Protagonist Adam Speervogel mit einem katholischen Kollegen in Kontakt und konvertiert schließlich. Letztlich gelingt es dem (weitestgehend heterosexuellen) Speervogel jedoch nicht, seine Sexualität »so in Gott hineinzubergen, daß er sie in einen still und rein blühenden Grund seelischer Energien verwandeln konnte«.[2]

Die journalistischen Publikationen, mit denen Rexhausen – seit 1961 als »›fester freier‹ Redakteur beim WDR« tätig, dann von 1964 bis 1966 als »Redakteur beim ›Kölner Stadt-Anzeiger‹«[3] – in den 1960er Jahren an die Öffentlichkeit trat, zeichnen demgegenüber keineswegs das Bild eines jungen katholischen Intellektuellen. Die Abkehr Rexhausens vom Katholizismus muss in die Zeit zwischen 1958 und 1963 fallen. In einem der beiden Artikel in der *Neuen Ordnung* von 1958 schließt sich der Autor noch in ein »Wir« der »Christen«

---

G[loria]« vor der Datierung (S. 34); Manuskriptheft (1952, Nachlass I.2/4), wo neben religiösen Reflexionen und Gedichten Eintragungen stehen, die ein Nachdenken über das eigene homosexuelle Begehren andeuten.

1) Vgl. den Textschluss: »Genau vor Aglajas Haus beschloß ich es: 1978 ein bißchen zu sparen und 1979 nach Mexiko zu reisen, nach Xán«, Felix REXHAUSEN: Glück ist Glück. Die Aufzeichnungen von Adam Speervogel. Roman (Typoskript A, undatiert, Nachlass I.2/23–24) S. 270.

2) REXHAUSEN: Glück ist Glück S. 65, 114 und 122.

3) REXHAUSEN: Lebenslauf.

mit ein,[1] 1963 machte ihn dann ein Text schlagartig berühmt, der alles andere als katholisch ist: Die Radioglosse *Mit Bayern leben!* löste einen bundesweiten Skandal aus und stellte Rexhausen einem breiten Publikum als scharfen Polemiker vor. Nachdem er sich in der ersten Zeit beim Westdeutschen Rundfunk vor allem zu wirtschafts- und sozialpolitischen Themen geäußert hatte,[2] wendete er sich ab 1962 mit der Sendereihe *Das Blasrohr* der Satire zu.[3]

Ab 1964 erschienen dann in Zeitungen und Zeitschriften journalistische Arbeiten, die sich zunehmend politischen Argumentationen zuwenden. Sie bewegen sich deutlich im Resonanzfeld des sich anbahnenden Wandels. So kritisiert Rexhausen im *Kölner Stadt-Anzeiger* vehement die Junge Union und lässt seine Sympathie gegenüber denjenigen »jungen Menschen« spürbar werden, die »sich [. . .] von der Konformität dieser Gesellschaften [gemeint sind die großen etablierten Parteien] von vornherein abgestoßen« fühlen.[4] In einer Gruppe von Beiträgen, die er 1965/66 in den *Blättern für deutsche und internationale Politik* veröffentlichte, zeigt er sich noch deutlicher als ein Protagonist des linksliberalen Aufbruchs. Er äußert sich gegen die postnazistischen Kontinuitäten, gegen den dumpfen Antikommunismus der Bundesrepublik und gegen das uniforme Parteien-

---

1) REXHAUSEN: Die westliche Welt und der Hunger S. 268.

2) Vgl. REXHAUSENs Typoskripte zu Radiosendungen beim WDR (z. T. in gemeinsamer Autorschaft mit Gerhard SCHERHORN) aus den Jahren 1961 und 1962 (Nachlass I.3/1, Nr. 2 und 3; I.3/2; I.3/3, Nr. 2, 3 und 4).

3) Felix REXHAUSEN: Das Blasrohr (mehrere Folgen, Typoskript 1962/63, Nachlass I.3/4, Nr. 1).

4) Felix REXHAUSEN: Bewegte Jugend, in: Kölner Stadt-Anzeiger, 7. 10. 1964.

spektrum – Unionsparteien, Sozialdemokraten und Liberale –, das keine Alternative auf der linken Seite des politischen Spektrums bot, die diesen Namen verdient hätte.[1] Rexhausen war kein Anhänger des Sozialismus, vor allem nicht des real existierenden in der DDR, wie einige Radiobeiträge verdeutlichen,[2] und auch kein Anhänger des Sozialistischen Deutschen Studentenbunds (SDS) und der von diesem maßgeblich bestimmten linksradikalen Studentenbewegung. Lora Wildenthal bezeichnet Rexhausen zu Recht als einen von den politischen Parteien der Bundesrepublik unabhängigen Liberalen.[3]

Rexhausen trat sogar als Redner auf einer Veranstaltung des *Republikanischen Clubs*, eines zentralen Akteurs der Außerparlamentarischen Opposition neben dem SDS, auf. Dort sprach er im November 1968 zum Thema *»Die weitaus überwiegende Auffassung«* – *Soziologische Aspekte der Homo-*

---

1) Felix REXHAUSEN: Wider die nationale Egozentrik, in: Blätter für deutsche und internationale Politik 10 (1965), Heft 3, S. 280 (Erstveröffentlichung in: Kölner Stadtanzeiger, 18. 2. 1965); Anrede an einen jungen Mann: Heft 5, S. 456–459; Der Linkische und der Weg zum Rechts-Staat. Oder: Wer zersetzt hier was?: Heft 7, S. 571–579; Deutsche schreiben sich, in: Blätter für deutsche und internationale Politik 11 (1966), Heft 4, S. 263–267; Das Unbehagen an der Demokratie. Über einige Grundlagen der NPD: Heft 12, S. 1126–1131.

2) Felix REXHAUSEN – Gert RUGE – Hilde STALLMACH: »Wir erwarten nichts!« (Typoskript 1962, Nachlass I.3/3, Nr. 4); Felix REXHAUSEN: Wir sprechen zur Zone (mehrere Folgen, Typoskript 1962/63, Nachlass I.3/4, Nr. 2); Die Krankheit am Gestern (Typoskript 1966, Nachlass I.3/4, Nr. 5, S. 5–8).

3) WILDENTHAL: The Language of Human Rights in West Germany S. 84.

*sexualität*. Das Manuskript der Rede ist leider nicht überliefert.[1] In Rexhausens journalistischen Veröffentlichungen
der früheren 1960er Jahre spielt Homosexualität dagegen
eine nur marginale Rolle: In seiner im Juni 1965 »vor Bonner
Studenten« gehaltenen und im selben Jahr in den *Blättern
für deutsche und internationale Politik* erschienenen Rede *Der
Linkische und der Weg zum Rechts-Staat* ist in einer Klammer,
die den Inhalt des Begriffs »Außenseiter« expliziert und die
Undifferenziertheit der reaktionären Wendung gegen diese
Außenseiter kritisiert, von »Linksintellektuellen, Homosexuellen, abstrakten Malern, Einbrechern, Betrügern und
Totschlägern« die Rede.[2] In seinem ersten literarischen Buch,
dem satirischen Brief- und Redensteller *Mit deutscher Tinte*,
das 1965 erschien, wird Homosexualität zu einem unter
vielen Themen in Form eines Beileidsbriefs »Zum Tode
eines Homosexuellen«, der die Homosexuellenfeindlichkeit
der Kritik aussetzt, und einer Festrede aus Anlass von »175
Jahren Michelangelo-Forschung«, die die alte Strategie der
Homosexuellen, sich über ›große Homosexuelle‹ zu legiti-

1) Rexhausens Vortrag wurde für den 28. November 1968 im RC
Bulletin (Nr. 4, S. 14, online verfügbar unter https://www.mao-
projekt.de/BRD/BER/ORG/ RC/Berlin_ RC-Bulletin_1968_04.
shtml, letzter Zugriff am 23. 5. 2018) angekündigt. Wolfgang
KRAUSHAAR: 1968. Das Jahr, das alles verändert hat (München –
Zürich 1998), gibt einige wenige Hinweise zum Inhalt des Vortrags
(S. 294). Im Nachlass finden sich handschriftliche Notizen, denen
später der Titel *Soziologische Aspekte der H[omosexuali]tät* hinzu-
gefügt wurde (Manuskript, undatiert, Nachlass III, Nr. 2). Dabei
handelt es sich mit großer Wahrscheinlichkeit um eine Vorstufe
des Vortrags.

2) REXHAUSEN: Der Linkische und der Weg zum Rechts-Staat
S. 571 Anm. und S. 574.

mieren, der Lächerlichkeit preisgibt.[1] Im veröffentlichten Werk macht erst *Lavendelschwert* männliche Homosexualität zum Hauptthema eines Erzähltextes.

Die Zeit von den späten 1950er bis in die mittleren 1960er Jahre hinein ist für Rexhausen geprägt von Umschwüngen, deren Kontext der sich anbahnende Umbruch ist: von Nationalökonomie und Katholizismus zu Linksliberalismus und offener Thematisierung von Homosexualität; von der Wissenschaft zu Journalismus und Literatur; von der Unbekanntheit in die bundesweite Bekanntheit als Journalist und Satiriker. In diese Übergangs- und Wandlungszeit fällt das Manuskript *Zaunwerk*. Das Vorwort enthält eine Reflexion homosexuellenpolitischer Fragen, die eine Verhaftung in seiner Zeit verdeutlicht, zugleich aber über sie hinausweist. Im Einklang mit dem Motiv der Jakobsleiter steht es auf dem Boden der Adenauer-Ära und reicht schon an eine andere Zeit heran.

Zwar behauptet das Vorwort: »[Mein Bericht] hat kein ›Anliegen‹: Er will weder etwas beschönigen und verklären noch jemanden anklagen; er will überhaupt nichts anderes, als die Wirklichkeit abschildern«, doch stellt es dieser tacitéischen Maxime – *sine ira et studio*, ohne Zorn und Eifer soll der Geschichtsschreiber Geschichte schreiben – ein klar bestimmtes argumentatives Ziel an die Seite und bezieht damit eine bestimmte Position in seiner Zeit:

[Ich] denke, daß er [dieser Bericht – B. W.] in der gegenwärtigen Diskussion um die Homosexualität manche Vorstellung

---

1) Felix REXHAUSEN: Mit deutscher Tinte. Briefe und Ansprachen für alle Wechselfälle des Lebens (Frankfurt am Main 1965) S. 38–40 und 202–205.

zurechtrücken kann – sowohl bei denen, die in diesem Bereich die bloße moralische Verderbtheit wittern und also attackieren wollen, wie bei denen, die wohlmeinend auf den seelischen Reichtum lebenslanger Partnerschaften von Homosexuellen hinweisen, annehmend, dies sei der Regelfall, und für vergänglichere Beziehungen, zumal solche zwischen Älteren und Jüngeren, die alten Griechen zu Zeugen anrufen.

Die Argumentation wendet sich gegen zwei Seiten gleichermaßen. Zum einen tritt sie den einflussreichen bundesrepublikanischen Sexualmoralisten entgegen, die sich gegen jegliche Form sexueller Liberalisierung aussprachen.[1] Andererseits wendet sich die Argumentation aber auch gegen die – man darf annehmen: homosexuellen – Verklärer homosexueller Lebensrealitäten, die stets vom sittlichen Wert der homosexuellen Beziehungen sprechen und somit den Moraldiskurs der homosexuellenfeindlichen Reaktion nicht verlassen, sondern bestätigen.

Die sexualwissenschaftlichen Diskussionen um die männliche Homosexualität waren in der frühen Bundesrepublik geprägt von Hans Giese (1920–1970), dem die Etablierung der Sexualwissenschaft als Disziplin in der Bundesrepublik zu verdanken ist. Die Strategie des selbst homosexuellen Giese[2] war es, einen Teil der männlichen Homosexualität durch die Abspaltung eines anderen für die bürgerliche Respektabilität zu retten. Er unterschied ›gebundene‹, also in dauerhaften Liebesbeziehungen lebende, von ›ungebundenen‹, also promisken homosexuellen Männern, pathologisierte diese

1) Vgl. HEIDER: Vögeln ist schön S. 19–26.
2) Vgl. Moritz LIEBEKNECHT: Sexualwissenschaft als Lebenswerk. Zur Biografie Hans Gieses (1920–1970), in: Jahrbuch Sexualitäten 2018 (Göttingen 2018) S. 111–132.

und nahm jene aus dem Bereich des Krankhaften aus. Martin Dannecker spricht kritisch von einer »Divinisierung von Beziehungen, der Dauer von Beziehungen und der sexuellen Treue«.[1] Mit seiner Formulierung vom »seelischen Reichtum lebenslanger Partnerschaften von Homosexuellen« hat das Vorwort von *Zaunwerk* vielleicht nicht direkt Giese im Sinn, zielt jedoch auf weitverbreitete Bewusstseinsmuster homosexueller Männer, die diejenigen Momente der männlichen Homosexualität, die als ›schmutzig‹ galten, konfliktreich lebten und diskursiv zum Verschwinden zu bringen suchten: den anonymen Sex in öffentlichen und halb-öffentlichen Räumen mit einer hohen Zahl wechselnder Partner. Mit der Psychoanalytikerin Judith Le Soldat kann man diese Momente der männlichen Homosexualität, die über die gleichgeschlechtliche Objektwahl hinausgehen, als das *Schwule* in der Homosexualität bezeichnen.[2]

Im Gegensatz zum sexualwissenschaftlichen Diskurs nimmt Rexhausens Vorwort eine solche Abspaltung nicht vor. An die Stelle der falschen Idealisierung soll die »Abschilderung von Wirklichkeit« treten. Die Kritik an den Homosexuellen richtet sich nicht gegen die nicht-respektablen, ›schmutzigen‹ – schwulen – Momente in der Homosexualität, sondern gegen das Verschweigen dieser Momente. In seiner kritischen Doppelperspektive

1) Martin DANNECKER: Hans Giese, in: Volkmar SIGUSCH – Günter GRAU (Hg.): Personenlexikon der Sexualforschung (Frankfurt am Main – New York 2009) S. 226–235, hier S. 234.

2) Judith LE SOLDAT: Grund zur Homosexualität. Vorlesungen zu einer neuen psychoanalytischen Theorie der Homosexualität. Herausgegeben von Monika GSELL (Stuttgart-Bad Cannstatt 2015) S. 206–208.

gegen die homosexuellenfeindlichen Sittenwächter und die homosexuellen Idealisten scheint Rexhausens Vorwort in einer liberalen Version einer Kritik vorzugreifen, die in der Schwulenbewegung der 1970er Jahre in radikaler Form geradezu kanonisch wurde. Sie kommt zum Tragen in den beiden Meilensteinen der frühen Schwulenbewegung, in Rosa von Praunheims Film von 1971 und in Martin Danneckers und Reimut Reiches soziologischer Studie *Der gewöhnliche Homosexuelle* von 1974, deren Kritik sich jeweils sowohl gegen die Schwulenunterdrückung als auch gegen bestimmte Verhaltens- und Bewusstseinsformen der Schwulen richtet.[1] Dass die beiden kritischen Perspektiven nicht voneinander getrennt, sondern dialektisch aufeinander bezogen sind, wird bei Rexhausen in *Lavendelschwert* deutlich. Dort steuert ein fiktiver »Professor William M. Barcadero, Berkeley/Calif.« ein »Geleitwort« zur Sammlung angeblicher historischer Dokumente bei, in dem er urteilt: »Homosexualität ist nur deswegen überhaupt ein Problem, weil sie von der Gesellschaft zu einem solchen gemacht wird«, und dann über das Verhältnis von Unterdrückung und schwulem Bewusstsein schreibt: »Er [der Homosexuelle – B. W.] übernimmt das Urteil, das die Gesellschaft über solcherlei Leute gefällt hat.«[2] Die Subjektivität der Schwulen ist durch die Schwulenunterdrückung deformiert. Die emanzipative Kritik an den Deformationen der Schwulen ist damit selbst schon Kritik an der deformierten und deformierenden schwulenfeindlichen Gesellschaft. Die im Vorwort zu *Zaunwerk* angelegte, in *Lavendelschwert* entfaltete dialektische Kritik an

1) Vgl. HENZE: Schwule Emanzipation und ihre Konflikte S. 27 und 153–184.

2) REXHAUSEN: Lavendelschwert S. 13.

der schwulenfeindlichen Gesellschaft[1] lokalisiert *Zaunwerk* im linksliberalen Diskurs der 1960er Jahre als einen (nicht veröffentlichten) Pioniertext für die Auseinandersetzung mit männlicher Homosexualität.

Dazu gehört auch, dass in *Zaunwerk* homosexuelle Figuren die Wörter ›schwul‹ und ›Schwuler‹ ohne Abwertung, als selbstverständliche Selbstbezeichnung verwenden. So kommen die beiden Freunde Roland und Axel gesprächsweise auf einen gewissen Johnny zu sprechen: »Erzählen Sie mir lieber«, sagt Axel, »was aus dem blonden Johnny geworden ist, mit dem Sie sich damals so geprügelt haben, bloß weil Sie immer noch hofften, einen Schwulen in ihm zu finden!« (S. 79) Es handelt sich bei der Verwendung von ›Schwuler‹ hier eindeutig um eine neutrale Beschreibung, die ausschließlich der Unterscheidung von Heterosexuellen dient. An diesen und anderen Stellen in *Zaunwerk* wird das Wort ›schwul‹ so verwendet, wie es Rexhausen Jahre später in einem Beitrag in der *him* unter dem Titel *Losung 71. Seid stolze Schwule* fordert:

> [E]rst wenn der Schwule selbstbewußt und aufrecht und stolz genug ist, vor Nicht-Schwulen sich oder irgendwelche Neigungsgenossen schwul zu nennen, das ganz selbstverständlich und ohne Anführungsstriche schwul zu nennen[,] was schwul ist – erst dann kann das Wort zu einem nützlichen neutralen Wort der Umgangssprache werden.[2]

1) Vgl. auch Wolfgang POPP: Männerliebe. Homosexualität und Literatur (Stuttgart 1992) S. 408; Dirck LINCK: »Und sieh'! Da kam ein mut'ges Volk gezogen!« Zu Felix Rexhausens »Lavendelschwert«, in: Felix REXHAUSEN: Lavendelschwert. Dokumente einer homosexuellen Revolution (Berlin 1999) S. 287–303.

2) Felix REXHAUSEN: Losung 71. Seid stolze Schwule, in: him (1971), Heft 1, S. 16–17, hier S. 17.

Ein Unterschied zum »nützlichen neutralen Wort der Umgangssprache« besteht allerdings noch darin, dass die homosexuellen Figuren in *Zaunwerk* das Wort ›schwul‹ nur untereinander gebrauchen, während der Erzähler über sie als ›Homosexuelle‹ spricht.

Jahre also bevor der Praunheim-Film das Wort in provokanter Weise ungefähr 100 Mal aussprach[1] und wenige Jahre bevor Rexhausen die Strategie in *Lavendelschwert* erprobte, tat es das unveröffentlichte *Zaunwerk* schon. Freilich verwenden Rexhausens literarische Texte und seine *Losung 71* das Wort ›schwul‹ mit anderer Stoßrichtung als die spätere Schwulenbewegung. Während es Rexhausen um ein »nützliches neutrales Wort« geht, das von seinen negativen Konnotationen zu befreien sei, ging es der Schwulenbewegung, zumindest deren radikalerem Teil, darum, die revolutionäre Energie eines gerade nicht nützlichen und neutralen Schwulseins freizusetzen.

Aus dieser Sicht kommt zu den bisher angesprochenen biographischen Umschwüngen noch ein weiterer dazu: Die Entwicklung von der öffentlichen Zurückhaltung bei der Thematisierung von Homosexualität über die Aufgabe dieser Zurückhaltung mit der Publikation von *Lavendelschwert* bis zu den Beiträgen in den Nachseptember-Zeitschriften einschließlich dem emphatischen Aufruf an die Schwulen, stolze Schwule zu sein, ist ohne Zweifel auch ein Prozess der Öffentlichmachung des eigenen Schwulseins. Es ist charakteristisch für den Autor, dass dieser Prozess in der Rückschau eher unspektakulär anmutet: kein dramatisches Selbstbekenntnis, sondern eine immer intensivere Befassung mit dem Thema Homosexualität, die schließlich offen parteiisch wird.

1) Henze: Schwule Emanzipation und ihre Konflikte S. 361.

## III. *Zaunwerk* im literarischen Werk Rexhausens

Auch im Blick auf die Stellung von *Zaunwerk* in Rexhausens Werk lässt sich eine Brücken- und Vermittlungsfunktion erkennen: Zum ersten Mal macht er männliche Homosexualität zum Hauptthema eines längeren Erzähltextes. Bis dahin hatte sich die literarische Produktion des Autors, der mindestens seit dem Alter von 16 Jahren literarische Texte schrieb,[1] vor allem auf Gedichte konzentriert. Diese sind zum Teil katholisch geprägt,[2] wirken mystisch[3] oder expressionistisch inspiriert.[4] In einigen Gedichten der frühen 1960er Jahre kommt es dann allerdings zu sprachlichen Brüchen, die von einer sich anbahnenden stilistischen und thematischen Neuorientierung zeugen. So findet sich in einem Gedicht der Sammlung *Wie Efeu nämlich* eine Passage, die – freilich recht undifferenziert – die nationalsozialistische Vergangenheit thematisiert:

1) Der früheste datierte im Nachlass erhaltene Text ist Felix REXHAUSEN: Dädalos und Ikaros. Ein Schauspiel in zwei Akten (Manuskript, 2 Fassungen, 1949, Nachlass I.2/1, Nr. 1).

2) REXHAUSEN: Sehnsucht der ewigen Hügel.

3) Felix REXHAUSEN: Die orphischen Mysterien (Manuskript 1951, Nachlass I.2/3).

4) Felix REXHAUSEN: Konvolut Gedichte (Manuskript 1956, Nachlass I.2/5); Zwischen den Uhren (Typoskripte A und B 1956, Nachlass I.2/6 und I.2/7, Nr. 1); Herbst in Solothurn. Gedichte (Typoskript, undatiert [vor 1966], Nachlass I.2/11, Nr. 1). Der Terminus ante quem ergibt sich aus der Kölner Adresse auf dem Umschlag; Rexhausen ging 1966 nach Hamburg; vgl. REXHAUSEN: Lebenslauf.

Die Schiffe sinken
Anne Frank darf nicht aus dem Fenster sehn
Else Lasker muß betteln gehn
Millionen Juden, Millionen Kulaken,
Polen, Zigeuner, Millionen Soldaten,
schrecklich verendet die Schildkröte auf dem Bikini-Atoll:
Hier leb ich.[1]

Ein anderes Gedicht aus derselben Sammlung thematisiert, nachdem die Rede von »Seher[n]«, »grünen Palast-
höfen«, »Oktoberdämmerung«, allerdings auch von einer
»zergriffenen Nylontasche« war, plötzlich eine männliche
proletarische Arbeitswirklichkeit:

Gegen Abend müssen die Lehrlinge ausfegen
die anderen putzen noch ihre Maschinen,
's riecht nach Öl;
unter der Brause nachher machen sie Witze über ihre Schwänze
und über den Ehrgeiz des Betriebsrats
Hat irgendjemand schon mal gesehen, daß die Straßenbahn
                                    pünktlich war?[2]

Ein Gedicht aus der vor 1966 entstandenen Sammlung
*Sätze, Figuren* ist im expressionistischen, an Georg Trakl
erinnernden Ton gehalten: »Den ganzen Tag feiern die
Mönche, / in silbernen Mänteln / wandeln stolze Vögel
vorüber«. Doch dann kommt es ebenfalls im Blick auf proletarische Männerkörper zum sprachlichen Bruch: »Abend,
kühl, / Wind, feucht von Westen, / ziehen die Bauarbeiter /

---

1) Felix SANTHAGEN: Wie Efeu nämlich. Gedichte (Typoskript
1963, Nachlass I.2/7, Nr. 5, ohne Paginierung). Es ist wohl kein
Zufall, dass die »Schildkröte« aus einer »Schuldkröte« korrigiert ist.
2) SANTHAGEN: Wie Efeu nämlich (ohne Paginierung).

Hemden über ihr geiles Fleisch«.[1] Die symbolische Aufladung und der hohe Ton der Sprache werden zugunsten von Alltag und Erotik gebrochen. Neben diesen Gedichten und seinen journalistischen Arbeiten ist aus den frühen 1960er Jahren nur noch ein humoristisches Fernsehspiel überliefert: *Besuch bei Konsuls*.[2]

Erst ab der Mitte des Jahrzehnts begann Rexhausens öffentliche Karriere als Schriftsteller. Nach dem Auftakt *Mit deutscher Tinte* (1965) veröffentlichte er in relativ schneller Folge *Lavendelschwert* (1966), den satirischen »Ratgeber« zum Schreiben von Pornographie *Die Sache* (1968),[3] die pornographischen *Berührungen* (1969), die satirische Auseinandersetzung mit deutschen Berühmtheiten von Konrad Adenauer bis Wilhelm II. *Von großen Deutschen* (1969) und das satirische Geschichtsbuch *Germania unter der Gürtellinie* (1970). Dazu kamen ab dem Ende der 1960er Jahre auch lyrische Veröffentlichungen: *Gedichte an Bülbül* (1968, Neufassung 1972), *Spukspaßspitzen* (1970) und *Die Lavendeltreppe* (1979); außerdem zwei Theaterstücke: *Dem Neuen ist Seife egal* (1970) und *Dreiecke* (1971).

In den Prosa-Arbeiten der zweiten Hälfte der 1960er macht

1) Felix SANTHAGEN: Sätze, Figuren. Gedichte (Typoskript, undatiert, Nachlass I.2/11, Nr. 2) S. 12 und 13. Die Entstehung vor 1966 ergibt sich auch hier aus der Kölner Adresse auf dem Umschlag.

2) Felix REXHAUSEN: Besuch bei Konsuls. Fernsehkomödie in einem Akt (Typoskript, undatiert, Nachlass I.3/1, Nr. 1]). Rexhausen hat den Text ohne Erfolg dem Südwestfunk angeboten (Brief von Bruno Meyer-Wehlack an Felix Rexhausen, 28. 11. 1960, Nachlass I.3/1, Nr. 1).

3) Felix REXHAUSEN: Die Sache. 21 Variationen ([Frankfurt am Main] 1968) S. 11.

sich ein richtiggehender Ausbruch des Sexuellen bemerkbar: *Lavendelschwert* thematisiert eine scheiternde Revolution der Homosexuellen, *Die Sache* nutzt Sexgeschichten, *Germania unter der Gürtellinie* erfundene historische Dokumente sexuellen Inhalts zur Gesellschaftskritik, und *Berührungen* ist der erste in der Bundesrepublik veröffentlichte deutschsprachige schwule pornographische Roman.[1] Mit einigen von diesen und mit anderen Publikationen[2] ritt Rexhausen offensichtlich auf der sogenannten Sexwelle, einem mit dem gesellschaftlichen Wandel der 1960er Jahre in Zusammenhang stehenden Phänomen, das Ulrike Heider so beschreibt: »Zu Beginn der 1960er Jahre erkämpften sich die Massenmedien in zähem Ringen mit Saubermännern und Zensoren Zentimeter um Zentimeter nackter Haut, Verkaufszahlen und Einschaltquoten stiegen stetig. Die Werbebranche entdeckte den Sex als idealen Verkaufssteigerer, und auch die Pornografie gedieh prächtig in diesem Klima.«[3]

*Zaunwerk* ist nun gerade nicht unter den genannten Texten. Dieser Text konnte offensichtlich nicht ›aus dem Schrank kommen‹ und auf der Sexwelle reiten. Das Verhältnis des Autors zu diesem Text scheint von einer gewissen Ambivalenz gekennzeichnet: Manuskript und Typoskript sind ursprünglich mit dem Pseudonym (Hans Rudolf) Ahrengall

1) ROSENKRANZ – LORENZ: Hamburg auf anderen Wegen S. 253.

2) Vgl. Felix REXHAUSEN: Mosaik aus sieben Jahren, in: Robert NEUMANN (Hg.): 34 x erste Liebe. Dokumentarische Geschichten. Schriftsteller aus zwei Generationen unseres Jahrhunderts beschreiben erste erotische Erlebnisse (Frankfurt am Main 1966) S. 69–73; Schweiz & Sex. Ungereimtes und Unfreundliches von unserem Mitarbeiter Felix Rexhausen, Hamburg«, in: Zürcher Woche, Sonntags Journal, 26./27. 4. 1969.

3) HEIDER: Vögeln ist schön S. 34.

gezeichnet, das Rexhausen zu einem späteren Zeitpunkt durch seinen bürgerlichen Namen ergänzt (Manuskript) oder gestrichen und ersetzt hat (Typoskript). Offensichtlich hat hier ein »stolzer Schwuler«, wie ihn *Losung 71* fordert, nachträglich Anspruch auf einen Text erhoben, zu dem er sich ursprünglich nicht mit seinem Namen bekennen wollte. Nicht nur das – im Vorwort legt die Autor-Persona Ahrengall großen Wert darauf, sich als quasi-ethnographischen Forscher vorzustellen, der eine fremde Kultur erforscht und den Leser_innen nahebringt:

> So wie jemand, der sich in einem fremden Lande aufhält, für seine Bekannten daheim ein paar Szenen von der Straße, vom Markt, aus den Häusern aufschreibt, um so einen Eindruck von dem alltäglichen Leben dieses Landes zu geben, so habe ich hier eine Reihe von Szenen aufgeschrieben, die zusammen ein mosaikartiges Bild von jenem unbekannten Land liefern, das mitten in unserer Gesellschaft liegt – einem Land, aus dem keine Nachrichten herausdringen und in das kein Fremder eindringen kann.

Hier wird ein großer Distanzierungsaufwand getrieben, der von einer Scheu Rexhausens zeugt, seine offensichtlich intime Kenntnis des homosexuellen Lebens mit seiner Person in Verbindung gebracht zu sehen. Und so bleibt auch die nachträgliche Inanspruchnahme des Textes durch die Korrektur des Autornamens ambivalent: Der Text verbleibt im privaten Archiv des Autors – zumindest gibt es bislang keine Hinweise darauf, dass er das Manuskript Verlagen angeboten hätte.[1]

---

1) Einschränkend ist zu sagen, dass der im Schwulen Museum erhaltene Nachlass Lücken aufweist. Über die Frage, was mit dem

Ganz anders verfährt derselbe Autor zwei Jahre später bei der Publikation von *Lavendelschwert*. Der Text offenbart nicht weniger als *Zaunwerk* eine intensive und extensive Kenntnis homosexuellen Lebens in der Bundesrepublik, bezieht deutlich Stellung und nennt als Autor »Felix Rexhausen«. Die Neuauflage von *Lavendelschwert* ist dann sogar 1978 im schwulen Bewegungsverlag Rosa Winkel erschienen und verdeutlicht die »seltsame Revolution« des Untertitels der Originalausgabe nun als »homosexuelle Revolution«. Für die pornographischen *Berührungen* wiederum wählt Rexhausen 1969 ein Pseudonym: »Stefan David«.[1] Der Verleger der Olympia Press, wo der Text erschien, stand im Jahr der Veröffentlichung wegen des Vorwurfs der Verbreitung unzüchtiger Schriften vor Gericht.[2] Nach Bernhard Rosenkranz und Gottfried Lorenz wollte Rexhausen sich durch die Wahl des Pseudonyms vor negativen Auswirkungen auf seine journalistische und schriftstellerische Karriere schützen.[3] Joachim Bartholomae erinnert sich dagegen an eine andere Erklärung, die Rexhausen für die Wahl des Pseudonyms gegeben habe: Der Name Stefan David sollte die erotische Phantasie der Leser_innen anregen – wofür Rexhausen

eigentlichen Typoskript geschehen ist, von dem im Nachlass ein Durchschlag erhalten ist, lässt sich nur spekulieren.

1) Stefan DAVID (d. i. Felix REXHAUSEN): Berührungen (Darmstadt 1969). Eine Neuausgabe erschien 2003 unter dem Verfassernamen Felix REXHAUSEN mit einem Text von Michael SOLLORZ: Lektüre (Hamburg 2003).

2) Rexhausen hat über den Prozess, der den Roman *Barbara* von Frank Newman betraf, berichtet: Gold, roter Slip und schwarze Robe. Felix Rexhausen über das Thema ›Was ist eine unzüchtige Schrift?‹, in: Zürcher Woche, Sonntags Journal, 3./4. 1. 1970.

3) ROSENKRANZ – LORENZ, Hamburg auf anderen Wegen S. 253.

seinen bürgerlichen Namen, den Namen eines Doktors der Volkswirtschaftslehre, für ungeeignet hielt.[1] Wie dem auch sei – die Verwendung des Pseudonyms für *Berührungen* offenbart nicht die Ambivalenz, die sich in der Überlieferung von *Zaunwerk* zeigt. Diese Ambivalenz bezüglich der Autorschaft ist *Zaunwerk* nun wiederum aufgrund einer Zwischen- und Vermittlungsposition an der Schwelle von Privatheit und Öffentlichkeit, zwischen Nachlass und veröffentlichtem Werk eigen. Zwar schlägt die Überlieferungslage *Zaunwerk* dem Nachlass, mithin der (erst postum öffentlich gemachten) privaten Sphäre, die beiden anderen Romane aber der Öffentlichkeit zu. Doch dieser Scheidung widersetzt sich der Text in gewisser Weise. So sehr sich die Haltung des Autors zu seinem Text, d. h. die Gestaltung der Autorschaft, und die Überlieferungslage auch unterscheiden, sind die drei schwulen Romane *Zaunwerk*, *Lavendelschwert* und *Berührungen* doch werkgenetisch miteinander verbunden. Die Verbindung stellt wiederum *Zaunwerk* her. Denn Namen (*Bambus-Bar* und *Monokel*), Figuren (Egon und Kurt Roloff) und ganze Szenen (wie die des infantilen Spiels unter Jungen oder die der Konfrontation mit falschen Polizisten auf der Klappe) aus *Zaunwerk* nahm Rexhausen – z. T. wörtlich – in die beiden späteren Texte auf.[2] Einzelne Elemente des Nachlasstextes tauchen in veröffentlichten Texten auf, eine weitere Vermittlungsstellung also, die *Zaunwerk* einnimmt.

Blickt man auf die Texte selbst, wird deutlich, dass sich die drei Erzählwerke bei aller entstehungsgeschichtlichen

1) Joachim BARTHOLOMAE: E-Mail an den Verfasser, 27. 3. 2019.

2) Eine Übersicht über die Übernahmen aus *Zaunwerk* in *Lavendelschwert* und *Berührungen* findet sich in WOLF: Mit Deutschland leben! S. 74.

und inhaltlichen, auch stilistischen Nähe, die bis zu wörtlichen Übernahmen reicht, deutlich voneinander unterscheiden. Das wird schon im Blick auf die unterschiedlichen Gattungen deutlich. Der angeblichen »Reportage« *Zaunwerk* (die keine ist, wie ich im folgenden Abschnitt zeige) stehen der satirische ›Dokumentenroman‹ *Lavendelschwert* und der sich als autobiographisch gerierende pornographische Roman *Berührungen* gegenüber. Die Genres der Satire und der Pornographie sind in unterschiedlicher Weise auf grelle Farben, scharfe Zeichnungen und drastische Effekte angewiesen. Demgegenüber erzählt *Zaunwerk* über weite Strecken unaufgeregt mit einem Hang zur Melancholie. Doch es finden sich wiederum einzelne Momente, die auf die beiden anderen Genres vorausweisen: einzelne Ansätze zur Überzeichnung, wie sie die Satire kennzeichnet, und einzelne Anleihen aus der obszönen Sprache, aus der auch die Pornographie schöpft. So führen die Gespräche der Homosexuellen in der großen *Monokel*-Szene, die einen Abend in der Homosexuellenbar diesen Namens schildert, Haltungen homosexueller Männer vor und damit tendenziell der Kritik zu. Da unterhält sich etwa »ein abgearbeiteter Mann in den späten Dreißigern, ein kleiner Angestellter«, mit einem »Damenfriseur von Anfang Vierzig« über die Ablehnung der Homosexuellen durch die Mehrheitsgesellschaft und begegnet dem mit einer in der Geschichte der modernen Homosexualität altbekannten Strategie:

> »Wenn die Leute sagen, das ist was Negatives, das ist einfach nicht wahr. Die Geschichte hat ja soviel Gegenbeispiele, das weißt du ja auch. Friedrich der Große zum Beispiel, oder Prinz Eugen, na, oder Michelangelo. Ja, überhaupt so viele ganz Große!« »Besonders schöpferische Menschen, Künstler und so. Also ich bin kein Künstler, aber in meinem Beruf ist

doch auch allerlei zu gestalten, Phantasie und Fingerspitzengefühl – nicht umsonst gibt 's unter den Damenfriseuren so
viele Tanten! Und in all diesen künstlerischen Berufen.« »Auch
bei den Schriftstellern.« »Klar, siehe Oscar Wilde. Na, und die
Schauspieler und die Tänzer erst recht, also das ist klar.« »Weil
es eben 'ne andere Art ist. Mit übertrieben männlich kommt
man da gar nicht weiter. Diese sogenannten Normalen sollten
froh sein, daß es uns gibt!« »Sag mal, kennst du die da drüben?«
»Die lange mit der karierten Jacke? Warum?« (S. 134)

Das ist die Strategie, die Rexhausen mit der Rede in der
Michelangelo-Gesellschaft in *Mit deutscher Tinte* satirisch
angreift. Dort werden – mit Ausnahme von Michelangelo
und Winckelmann – nicht etwa die kanonischen Figuren
eines »rosafarbene[n]‹ Pantheon[s]«,[1] sondern Homer,
Dante, Schiller, Goethe, Rubens, Renoir, Hölderlin, Mozart,
Beethoven, Wagner, Nietzsche, van Gogh, Schubert, Bach
und Dickens homosexuell eingemeindet – Rubens mit der
obskuren Begründung, er habe »das Publikum durch seine
üppigen Frauengestalten von dieser seiner Neigung abzu-
lenken« gesucht.[2] In *Zaunwerk* ist die Überzeichnung nicht
wie in *Mit deutscher Tinte* ins Absurde getrieben, doch die
Legitimierungsstrategie wird in anderer Weise unterlaufen:
durch den raschen Abfall der Aufmerksamkeitskurve angesichts eines Neuankömmlings im *Monokel*.

Andererseits schreckt *Zaunwerk* nicht vor der Benennung
sexueller Vorgänge zurück. So heißt es etwa im Rahmen einer

---

1) Robert BEACHY: Das andere Berlin. Die Erfindung der Homosexualität. Eine deutsche Geschichte 1867–1933. Aus dem Engli-
schen von Hans FREUNDL und Thomas PFEIFFER (München 2014)
S. 169.

2) REXHAUSEN: Mit deutscher Tinte S. 202–205 (Zitat S. 204).

bemerkenswerten Klappen-Litanei, von der noch die Rede sein wird: »Pissoir, in dem früh um vier ein älterer Mann seine Hose herunterläßt und sich das Glied des einzigen, der außer ihm dort noch rumsteht, in den After schiebt«. (S. 131) Das gehört dem Bereich der Obszönität an, markiert aber, anders als die Schilderungen in *Berührungen*, keinesfalls die Absicht zu erregen, wie sie für die Pornographie reklamiert wird.[1] In der expliziten Beschreibung sexueller Vorgänge zwischen Männern ist *Zaunwerk* ein Pioniertext. Ähnlich direkte Beschreibungen finden sich auch bei Hans Henny Jahnn, allerdings nur in dem erst 1968 aus dem Nachlass veröffentlichten Romanfragment *Jeden ereilt es*; sie finden sich im Roman *Gilgamesch* des etwas jüngeren Guido Bachmann, der 1966, zwei Jahre nach dem Abschluss von *Zaunwerk*, erschien. Bei Hubert Fichte finden sie sich in der 1955 geschriebenen, 2006 postum veröffentlichten *St. Pauli-Geschichte*, im publizierten Werk aber erst seit der *Palette* von 1968.

Mit der Integration von satirischer Kritik und obszöner Sprache in seine ganz eigene Art zu erzählen bespielt *Zaunwerk* einen eigenen Raum: *Zaunwerk* nimmt eine Vermittlungsposition auch zwischen den Gattungen ein. Dies hat aber noch weiterreichende, das Dreieck der schwulen Romane Rexhausens überschreitende Bedeutung. Man kann behaupten, dass mit *Zaunwerk* die lyrische Vorgeschichte von Rexhausens Œuvre ins schwule Prosawerk hineinreicht. In markanter Weise nutzt *Zaunwerk* Formen der formalen Stili-

---

1) Ulrich JOOST: Pornographische Literatur, in: Dieter BURDORF – Christoph FASBENDER – Burkhard MOENNIGHOFF (Hg.): Metzler Lexikon Literatur. Begriffe und Definitionen, 3. Aufl. (Stuttgart – Weimar 2007) S. 600.

sierung, wie sie die Lyrik, die Gattung der Überstilisierung,[1] charakterisieren, und transformiert sie in die Struktur des Prosatextes, der zwar dadurch nicht Gedicht wird, aber in gewisser Weise in seiner Makrostruktur eine Liedform aufhebt.

## IV. Struktur und Gehalt von *Zaunwerk*

Im Vorwort wird *Zaunwerk* als »Reportage« und »Bericht« angekündigt; zurückgewiesen wird ausdrücklich die Zugehörigkeit zur Gattung »Roman«:

> Dieses Buch ist kein Roman, enthält keine Sammlung von poetischen Reflexionen oder Erzählungen, bietet nichts, was Anspruch darauf erhöbe, Gegenstand einer literarischen Diskussion zu werden. Ihm geht es lediglich darum, einen bestimmten Ausschnitt gesellschaftlicher Wirklichkeit zu zeigen, und wenn man gemeinhin eine Arbeit, die in nicht-wissenschaftlicher Weise Antwort gibt auf die Frage »Wie leben Leute, die und die Leute?« eine Reportage nennt, dann ist diese Arbeit eine Reportage.

An dem Anspruch, »einen bestimmten Ausschnitt gesellschaftlicher Wirklichkeit zu zeigen«, werden jedoch gleich im nächsten Satz Abstriche gemacht:

> Sie [die Reportage] unterscheidet sich von anderen Reportagen lediglich durch einen Mangel an Präzision, insofern sie die

1) Vgl. Jürgen LINK: Das lyrische Gedicht als Paradigma des überstrukturierten Textes, in: Helmut BRACKERT – Jörn Stückrath (Hg.): Literaturwissenschaft. Grundkurs 1 (Reinbek bei Hamburg 1981) S. 192–219.

Identität von Orten und Personen im Unbestimmten läßt; dies freilich war angesichts des Themas unvermeidlich.

Im »Mangel an Präzision«, im »Unbestimmten«, das als »unvermeidlich« dargestellt wird, deutet sich eine durch das Thema – »Lebenswirklichkeit der Homosexuellen« in der Bundesrepublik der 1960er Jahre – bedingte Tendenz der Fiktionalisierung an, die im Widerspruch zu der Behauptung der Zugehörigkeit zu den Textsorten »Reportage« und »Bericht« steht. Der offensichtliche Grund für die zur Schau gestellte Diskretion ist die Situation, in der sich die Homosexuellen der Bundesrepublik in den 1960er Jahren befanden – eine Situation des Verstecks, in der nicht nur der Ruf, sondern auch die juristische Unbescholtenheit zu verlieren war. Es ist das *closet*, das Eve Kosofsky Sedgwick die »definierende Struktur schwuler Unterdrückung im 20. Jahrhundert«[1] genannt hat, das der angeblichen »Reportage« einen Ansatz zur Fiktionalität einpflanzt. Homosexualität in ihrer spezifischen zeitgenössischen Verfasstheit fungiert im Vorwort von *Zaunwerk* als unterschwellig tätiger Motor der Fiktionalisierung. Es wird sich zeigen, dass *Zaunwerk* sie auch zum Motor der Stilisierung macht.

Zur ›Unbestimmtheit‹ hinsichtlich der »Identität von Orten und Personen« kommt eine zweite Einschränkung:

> Soweit meine Darstellung Wiederholungen enthält, sind diese weder der Nachlässigkeit des Autors noch seinem Sinn für Marotten zu danken – sie sind bei der Abschilderung von

1) Eve Kosofsky SEDGWICK: Epistemologie des Verstecks. Aus dem Amerikanischen von Sylvia MIESZKOWSKI und Andreas KRASS, in: Andreas KRASS (Hg.): Queer denken. Gegen die Ordnung der Sexualität (Queer Studies) (Frankfurt am Main 2003) S. 113–143, hier S. 118.

Wirklichkeit einfach unvermeidlich: Was häufig vorkommt, muß auch häufig genannt werden.

Beides, Unbestimmtheit und Wiederholung, macht der Haupttext zu poetischen Prinzipien. Dass es sich bei *Zaunwerk* nicht um einen »Bericht« oder eine »Reportage« handelt, sondern um einen literarischen Erzähltext, verdeutlicht schon die Spiegelung der poetischen Sprache im Cruising und des Cruising in der poetischen Sprache, die ich zu Beginn dieses Nachworts erläutert habe. Der Blick auf die Struktur des Textes bestätigt dies. *Zaunwerk* präsentiert keine lineare Erzählung, sondern entwickelt in 23 Abschnitten ein Panorama des schwulen Lebens in der frühen Bundesrepublik. Nachdem der Erzähltext mit der bereits angesprochenen Masturbationsszene zwischen den beiden männlichen Jugendlichen Willi und Roland anhebt, sozusagen einem frühadoleszenten Vorspiel, folgt der Reigen der kurzen Erzählpassagen. Erzählt wird von Eberhards römischen und anderen Urlaubserlebnissen, von den Nöten junger homosexueller Katholiken, vom Lokal *Monokel*, von Klappen und Parks, von Beziehungsversuchen mit Frauen und von Homosexuellen, die in heterosexuellen Konstellationen leben, von sexuellen Abenteuern, Promiskuität und intimen Beziehungen, von jüngeren und älteren Homosexuellen, von Studenten, Angestellten und Arbeitern, von Deutschen, Franzosen und sogenannten »Ausländern« (S. 67).

Dem Panorama männlich-homosexuellen Lebens[1] in der Bundesrepublik ist eine gewisse Systematik nicht abzu-

1) Wenn Lesbisches thematisiert wird, dann in der verzerrten Sicht männlicher Homosexueller. Der Auftritt der eifersüchtigen Butch in der großen *Monokel*-Szene lässt sich wohl nur als klischeehaft beschreiben.

sprechen – der Schriftsteller Rexhausen ließ sich hier sicher vom Sozialwissenschaftler Rexhausen beraten. Viele der Szenen stehen für sich, bieten eine kurze autonome Handlung: die Beichtepisode, die Partnersuche des syrischen Studenten Konstantin im *Monokel*, die Erzählung von Werner Grünaus 49. Geburtstag, das Klappenerlebnis des Familienvaters Manfred Lehnig und der Besuch des katholischen Lehrers Martin bei seinem Freund Claude in Reims. Andere Szenen stellen Bezüge untereinander her, indem sie Figuren, die schon aus anderen Abschnitten bekannt sind, erneut handeln lassen, oder begonnene Handlungen weiterspinnen. Nur locker verbunden sind die drei Szenen, die Günter Stein zum Protagonisten haben. Wir lernen ihn beim Versuch kennen, seine Beziehung mit Helga als einen »Markstein« einzusetzen, »der ein dunkles und verworrenes Land abschloß, das er nie wieder betreten würde« (S. 56), einem Versuch der Grenzziehung, der wenig später auf der Klappe scheitert. Günter taucht wieder auf in einer Episode, in der er in der Stadt, in der sein verstorbener Großvater gelebt hat, in dessen halb ausgeräumter Wohnung Sex mit einem jungen Mann hat. Zum dritten Mal treffen wir Günter Stein in der »Hotelpension Seeblick«, wo er Kurt Roloff (der in *Lavendelschwert* wieder zu Wort kommen darf) kennenlernt. Keine der Episoden weist auf Figurendetails hin, die die Leser_innen aus einer anderen Episode schon kennen; die drei Episoden verbindet allein der Name Günter Stein.

Zwei andere Stränge spinnen in jeweils fünf Episoden Handlung fort oder führen eine Figur in aufeinander bezogenen Situationen vor. Einerseits wird von Eberhard Weymann und seiner Bekanntschaft mit Hermann erzählt, andererseits von Roland in unterschiedlichen Situationen mit anderen Männern. Dass der Name Roland zum ersten Mal als der eines der beiden Jugendlichen in der Eröffnungsszene erscheint und mit der ersten Eberhard-Szene unmittelbar darauf das Motiv der Jakobsleiter eingeführt wird, unterstreicht die Bedeutung dieser beiden Erzählstränge.

Die Erzählungen um Eberhard stellen die Geschichte einer Beziehung dar. Nachdem Eberhard in Rom als Tourist und flüchtigen sexuellen Begegnungen nicht abgeneigter Homosexueller vorgestellt worden ist, lernt er in den folgenden Episoden den jüngeren Hermann kennen, der mit einem wohlhabenden Mann in einer festen Beziehung lebt. Sie haben Sex, und für Eberhard beginnt eine Zeit der unerfüllten Erwartung eines Wiedersehens. Eberhard gibt Hermann schließlich auf und beginnt eine neue Beziehung mit Klaus. Nach einem zufälligen Wiedersehen mit Hermann im *Monokel* kommt es zu einer von Hermann herausgeforderten Begegnung, bei der die beiden Sex haben. Eberhard bricht brieflich mit Hermann, der ihn »verführt« (S. 155) habe. Nach dem Ende der Beziehung mit Klaus versöhnen sich die beiden und haben erneut Sex. Eberhard ist am Ende dieser Episode dann wieder in der Situation des Wartenden: »In den folgenden Wochen ging Eberhard öfter in das Haus, wo Hermann wohnte, und klingelte bei ihm, aber wenngleich hinter Hermanns Fenstern Licht brannte, öffnete niemand.« (S. 156)

Die andere Reihe hebt – abgesehen von der Szene, die einen zwölfjährigen Roland zeigt, der von dem »ein paar Jahre älter[en]« (S. 11) Willi in die Masturbation eingeführt wird – mit einem Roland in seinen frühen Zwanzigern an, der spätabends auf einer Klappe und um sie herum verzweifelt nach einem Sexpartner sucht. Wir begegnen einem 25jährigen Roland wieder, der, selbst sehnsuchtsvoll und verzweifelt, mit seinem abgeklärten Freund Heiner Braak Briefe über die (Un-)Möglichkeit stabiler homosexueller Beziehungen austauscht. Dann wieder lesen wir von Roland, als er seinen Freund Axel in einer anderen Stadt besucht und mit ihm im Bett landet. Die Szene endet mit einem Vorausblick auf den Austausch von Briefen zwischen den beiden, in denen Roland wieder ins Siezen übergeht – wie am Anfang der Episode. Erneut erleben wir den nun 26-jährigen Roland dann in einer heterosexuellen Eckkneipe, wo er auf den betrunkenen Jan trifft. Er träumt daraufhin von einer Begegnung mit einem Mann im Park in Anwesenheit der eigenen Schwester, die ihn schließlich auffordert, den »sehr schwül[en]« (S. 101) Park zu verlassen, woraufhin er zu seinen Eltern geht und dort erst spät wieder wegkommt. Der Traum dramatisiert den Rollenkonflikt zwischen gleichgeschlechtlicher sexueller Kultur und Familie – und führt in der Schwester und ihrem doppeldeutigen »schwül« das Kippen der beiden Sphären ineinander vor. Roland, nun Ende zwanzig oder Anfang dreißig, gehört schließlich die letzte Szene von *Zaunwerk*, eine Bekanntschaft mit einem jungen Mann in einer fremden Stadt, die in einen privaten Garten führt.

Sowohl die Eberhard- als auch die Roland-Reihe sind durch jeweils eine Figur mit den Einzelszenen verbunden. Das ist bei Eberhard der Student Konstantin, der ihn mit drei anderen nach einem gemeinsam im *Monokel* verbrachten Abend besucht; das ist bei Roland Egon, der nicht nur im *Monokel*, sondern auch in *Lavendelschwert* für seine Partys bekannt ist[1] und über den sich Roland mit seinem Bekannten Wolfgang unterhält. Es entsteht der Eindruck einer Vernetzung aller Figuren untereinander.

1) REXHAUSEN: Lavendelschwert S. 55–58.

Die Erzähltechnik von *Zaunwerk*, das episodische und multiperspektivische Erzählen entlang verschiedener Stränge, ist keine Innovation, die Rexhausen in die deutschsprachige Literatur eingeführt hätte. In ähnlicher Art erzählten in den 1950er Jahren Autoren wie Wolfgang Koeppen, Heinrich Böll oder Hans Scholz, das »montierende Erzählen« geriet in dieser Zeit geradezu »in Mode«.[1] In Friedo Lampe, der während der Zeit des Nationalsozialismus seine beiden Erzähltexte *Am Rande der Nacht* (1934) und *Septembergewitter* (1937) veröffentlichte, hatten sie für diese Erzähltechnik ein Vorbild.[2]

Doch zugleich modifiziert Rexhausens Erzähltechnik die Modelle, die sie aufgreift. Die drei ineinander verschlungenen Handlungsstränge und die Einzelszenen werden in *Zaunwerk* rhythmisiert durch solche Szenen, die weniger Handlung von hervorgehobenen Figuren erzählen, als vielmehr eine Vielzahl von oftmals anonymen Figuren in szenischen Interaktionen vorführen. Das gemeinsame Merkmal dieser Szenen ist, dass sie im Gegensatz zu den anderen im Präteritum gehaltenen Szenen das Präsens verwenden und die Erzählstimme nicht wie sonst beinahe überall aus der Perspektive von Figuren erzählt (interne Fokalisierung), sondern aus der Außensicht berichtet (externe Fokalisierung). Da ist zum einen eine Szene, die im *Monokel* spielt und die Sprache des Begehrens der Homosexuellen unter den Bedingungen

1) Jürgen H. PETERSEN: Der deutsche Roman der Moderne. Grundlegung, Typologie, Entwicklung (Stuttgart 1991) S. 304.

2) Wolfgang KOEPPEN: Friedo Lampe und Felix Hartlaub, in: Merkur 111 (1957) S. 500–503, hier S. 501, nennt Lampes Werk ein »Lehrbuch für junge Schriftsteller«. Vgl. zu Lampe auch PETERSEN: Der deutsche Roman der Moderne S. 300.

der Subkultur vorführt. Die Szene ist durch ihre Länge deutlich hervorgehoben. Andererseits gibt es drei Abschnitte, die ebenfalls im Präsens gehalten sind und vom Cruising im Park erzählen. Sie sind jeweils durch eine Jahreszeit markiert, Sommer, Winter, Herbst. Einem Erzählen in der Zeit im Präteritum tritt in diesen tableauartigen Szenen ein gleichsam synchrones Erzählen (in) der Gegenwart gegenüber, in dem die Gruppenchoreographie an die Stelle der individuellen Handlungen tritt. Die Zirkularität dieses Erzählens der Gegenwart wird nicht nur durch den Wechsel der Jahreszeiten unterstrichen, sondern auch durch eine Passage, die beinahe wörtlich im Triptychon der drei Cruising-Szenen wiederholt wird: »Hin und her – von dem unteren Weg hinauf zum oberen Weg, den oberen Weg hinab zu dem Spielplatz auf der andern Seite, von dem Spielplatz auf der anderen Seite den oberen Weg hinauf, von dem oberen Weg hinunter zum unteren Weg, hin und her.« (S. 64)[1] Die wörtlichen Wiederholungen verleihen den drei Cruising-Szenen den Charakter eines Rondos oder Refrains, der den Erzähltext strukturiert, wie Lied- und Songtexte strukturiert sind. Was das Vorwort angekündigt hat, wird hier ausgeführt: Wiederholung. Ihr Resultat ist allerdings keineswegs ein bloßer Beitrag zum realistischen Charakter des Textes (»Was häufig vorkommt, muß auch häufig genannt werden«); die Wiederholung hat eine Funktion in der kunstvollen Erzählkonstruktion. Die verstreuten Szenen und die fragmentierten Erzählstränge werden durch die Cruising-Passagen mit ihren Wiederholungen rhythmisiert, akzentuiert, zu ihnen in Beziehung gesetzt, auch von ihnen mit Bedeutung aufgeladen. Man kann das andere im Vorwort genannte

---

1) Vgl. die anderen beiden Passagen: S. 112 und 157.

Element, die Unbestimmtheit, auf die »mosaikartige« Form von *Zaunwerk* beziehen. Das Unbestimmte geht weiter als die Verschleierung der »Identität von Orten und Personen«. In den Anschlüssen der Szenen, die als Mosaiksteinchen zu verstehen sind – Anschlüsse, die es erst erlauben, das Bild zu sehen, das im Mosaik entsteht –, ist ein »Unbestimmtheitsbetrag«[1] am Werk, wie er in der literaturwissenschaftlichen Rezeptionstheorie als den notwendigen Lücken zwischen erzählten Ansichten inhärent beschrieben wird. Diese Unbestimmtheit kommt beispielhaft im Verhältnis zwischen dem jugendlichen und dem erwachsenen Roland zum Zuge: Handelt es sich um dieselbe Person? Der Text gibt darauf keine eindeutige Antwort, die Leerstelle ist im Akt des Lesens zu füllen.

Nicht nur in diesen beiden im Vorwort hervorgehobenen Momenten, sondern auch in seiner kunstvollen Verflechtungs- und Rondostruktur erhebt *Zaunwerk* – gegen sein Vorwort – nachdrücklich den »Anspruch, Gegenstand einer literarischen Diskussion zu werden«. Der Text berichtet nicht, er erzählt – und er enthält sehr wohl »poetische Reflexionen«. Man sollte *Zaunwerk* gegen sein Vorwort als einen Roman lesen. Das Vorwort betreibt ein Versteckspiel, nicht nur was den Autor, sondern auch was den Text betrifft. In diesem Roman der bundesdeutschen Homosexuellen der frühen 1960er Jahre sind kennzeichnende Momente dieser Zeit Struktur geworden. Auf die Zirkularität des Cruising werden lineare Erzählungen bezogen. Deren eine, die von Eber-

---

1) Wolfgang ISER: Die Appellstruktur der Texte. Unbestimmtheit als Wirkungsbedingung literarischer Prosa, in: Rainer WARNING (Hg.): Rezeptionsästhetik. Theorie und Praxis, 3. Auflage (München 1988) S. 228–252, hier S. 232.

hard, erzählt exemplarisch einen Zyklus von Promiskuität, Beziehung, Beziehungsende und erneuter Promiskuität. An diesen Zyklus ließe sich zwanglos ein nächster ähnlicher Zyklus anschließen. Die Roland-Abschnitte auf der anderen Seite scheinen episodisch zu erzählen. Sie lassen sich aber auch als eine exemplarische homosexuelle Biographie lesen, die mit der frühadoleszenten Einführung in die Sexualität beginnt und durch einen Reflexionsprozess mit anderen homosexuellen Männern hindurchführt, einen Reflexionsprozess, der, einmalig in *Zaunwerk*, auch das Unbewusste in Gestalt des Traums sich manifestieren lässt. Während über die fünf Eberhard-Episoden hin weniger als zwei Jahre verstreichen, umspannen die fünf Roland-Episoden knapp zehn Jahre Lebenszeit, und wenn man das jugendliche Vorspiel einbezieht, sogar mindestens 16 Jahre. Es ist dieser Erzählstrang, der eine Entwicklung schildert und ganz am Ende des Romans eine Perspektive auf eine andere Zukunft eröffnet und sich damit als die eigentliche linear-gerichtete Erzählung offenbart.

Eine große Zahl der Episoden in *Zaunwerk* endet in Situationen der Verzweiflung, der Vergeblichkeit, der emotionalen Kälte. So betet etwa ein homosexueller Katholik um einen Weg aus seiner »Verirrung« (S. 26); am Ende der Beziehung zwischen Günter und Helga heißt es: »Ob Helga unter dieser Trennung etwa litt oder nicht, wußte Günter nicht, und er hatte kein Interesse daran, es zu erfahren« (S. 59); und vom hoffnungslosen Ende von Eberhards Beziehung zu Hermann war schon die Rede. Den Text durchzieht Melancholie, die mit Händen zu greifen ist und die im vorletzten Abschnitt, der dritten Cruising-Szene, im melancholischen Rauschen und Rausch des Regens triumphiert: »und es regnet, regnet, regnet laut und rauschend, die Welt besteht aus Regen, aus Regen und dem dunklen Geruch der Nässe, riecht nach vergehendem Laub, Regen, Regen.« (S. 159)

Unmittelbar nach diesem Triumph der Melancholie hören wir zum letzten Mal von Roland. In G. lernt er in dem Homosexuellenlokal *Budike* eine Gruppe junger Männer kennen, die ihm »so lustig und zugleich so unbeschwert lasziv« erscheinen, als »jung und homosexuell und lustig«. Demgegenüber kommt Roland die eigene Jugend »verschenkt, vertan an den Wunsch, normal zu sein« (S. 161–162), vor. Doch er bleibt nicht in der Trauer befangen. Es kommt zum, äußerst heiter erzählten, Kontakt zu den Jüngeren, der schließlich zu einer Nacht im Freien mit einem der jungen Männer führt. In der großen *Monokel*-Szene haben sich die homosexuellen Männer gegenseitig als »dummes Weib« (S. 133), »widerlichste Schwuchtel« (S. 134) und »ganz miese Tucke« (S. 135) beschimpft und lesbischen Sex als »widerlich« (S. 150) bezeichnet, sie haben, um mit den späteren Theoretikern schwulen Selbsthasses zu sprechen, den Hass der heterosexuellen Mehrheit auf alles Weibliche und auf das Weibliche im homosexuellen Mann übernommen.[1] Freilich wird dieser Selbsthass von den Gesprächen über den Fummel für die nächste Karnevalsfeier konterkariert, die im *Monokel* ebenfalls geführt werden. Ganz anders nun in der *Budike* in G. Die jungen Männer, die Roland zunächst

1) Vgl. Martin DANNECKER – Reimut REICHE: Der gewöhnliche Homosexuelle. Eine soziologische Untersuchung über männliche Homosexuelle in der BRD (Frankfurt am Main 1974) S. 354–356; Patsy L'AMOUR LALOVE: Selbsthass und Emanzipation. Das Andere in der heterosexuellen Normalität, in: DIES. (Hg.): Selbsthass und Emanzipation. Das Andere in der heterosexuellen Normalität (Berlin 2016) S. 11–33.

beobachtet, »redeten einander abwechselnd mit männlichen und weiblichen Vornamen an« (S. 162), und der Begehrte, mit dem Eberhard ins Gespräch kommt, als er dabei ist, sich zu schminken, ist »in einer seltsam sympathischen Weise affektiert« (S. 163). Männliche Homosexualität öffnet sich am Ende des Textes auf Effeminierung, auf eine spielerische und lustvolle Auseinandersetzung damit, was es heißt, in einer heterosexuell dominierten Gesellschaft schwul zu sein.

Von »Selbstverständlichkeit« und »Leichtigkeit« (S. 163) ist dann auch der Schluss der Episode und des Romans geprägt. Die Formulierungen weisen geradezu in Richtung des Utopischen:

> Wie kam dies alles, wie konnte sich das gänzlich Unerwartete so fügen? Roland schien, er sei noch nie mit einem so hübschen Jungen so einverständig zusammengewesen – noch nie hatte er so sehr das Gefühl gehabt, das ganz und gar Unwahrscheinliche sei ihm zuteil geworden, ja das Unmögliche geschehen. (S. 164–165)

Hier tritt das »Unerwartete« und »Unwahrscheinliche« ein, das »Unmögliche« wird Wirklichkeit. In seiner abschließenden Reflexion versteht der auf die Perspektive Rolands eingestellte Erzähler »die Leichtigkeit dieser Nachtstunden« zwar als »ein Ende, in dem sich noch einmal Möglichkeiten zeigten, die nicht seine Möglichkeiten gewesen waren und wahrscheinlich nie sein würden« (S. 167), doch das Betrauern dieser Möglichkeiten hält die Möglichkeit einer besseren Zukunft offen, die sich an die jüngere Generation und ihre andere Art, schwul zu sein, knüpft – auch für Roland und erst recht für die schwule Rezeption des Romans.

Episodisches, lineares und zyklisches Erzählen sind in

*Zaunwerk* in kunstvoller Weise ineinander verschlungen. Diese Struktur erlaubt es dem Text, eine Haltung zu finden, die weder die Unterdrückungssituation schönredet noch die Möglichkeit des Fortschritts und der Überschreitung ausschließt. Unterdrückung und Fortschritt, Zirkularität und Linearität, lyrikhafte Rondostruktur und romanhaftes Erzählen sind vielmehr jeweils aufeinander bezogen. Hier kommt der Aspekt des Kippens der miteinander in Vermittlung gebrachten Dimensionen, wie er im Bild der Jakobsleiter angesprochen ist, zum Zuge.

Die enge Bindung der Jakobsleiter an die Cruising-Passagen stellt noch eine weitere, letzte Frage. Wie für die Engel die Himmelsleiter nicht Durchgang, sondern Aufenthalt ist, so sind die Bewegungen der cruisenden Männer im Park nicht zielgerichtet, sondern sie bespielen einen Grenzraum, der zwischen zwei Sphären vermittelt. Dass die dreimal wiederholte Passage ein »hin und her« auf ein »hinauf« und »hinunter« bezieht – »Hin und her – von dem unteren Weg hinauf zum oberen Weg, den oberen Weg hinab« usw. –, betont aber, dass sich die Bedeutung des Cruising nicht auf das Bespielen eines Grenzraums beschränkt: Die transgressive Bedeutung der Jakobsleiter strahlt auf das Cruising aus.

Mit der Einführung der mythologischen Folie aus der Genesis charakterisiert *Zaunwerk* das Cruising nicht nur als ein Symptom des Verstecks, der Repression und der entleerten, desexualisierten Sexualität – das durchaus auch und mit Nachdruck: »warmes freudloses Fleisch in der kalten Luft« (S. 113). Der Rekurs auf die Jakobsleiter schreibt dem Cruising darüber hinaus eine Dimension der Überbrückung des Gegensatzes zwischen Welt und Himmel, zwischen Immanenz und Transzendenz zu. Der ostentativ realistische Roman deutet damit sicherlich nicht auf eine Transzendenz im Sinne religiöser Glaubensvorstellungen; es liegt vielmehr nahe, die Jakobsleiter als Hinweis auf eine sexuelle Transzendenz zu lesen.

Einen Fingerzeig auf das Wesen dieser sexuellen Transzendenz gibt eine bemerkenswerte Stelle in einer der Eberhard-Episoden. Zunächst wird ein langes Gespräch zwischen Eberhard und einem Mann namens Manfred geschildert, das zunächst von dessen persönlichen Schwierigkeiten handelt, dann aber von dem »so schwierigen Thema seiner Ehe und seiner Liebe zu Dieter« abkommt und in einen munteren Austausch von »Geschichten von Pissoiren und Strichjungen und Drohungen« (S. 128) mündet. Nachdem Manfred gegangen ist, bleibt Eberhard allein zurück und kommt ins Sinnen:

> Eberhard machte das Licht aus und legte sich in dem abenddunklen Zimmer auf sein Bett. Er dachte an Klaus, hatte Sehnsucht nach ihm, versuchte, ihn sich vorzustellen. Er dachte an Manfreds verworrene Situation, an die beiden kleinen Kinder. Er dachte an alle diese Geschichten mit Strichjungen und ohne Strichjungen, Gesträuch, Zimmer, Pissoire. In wieviel solchen Pissoiren hatte er sich nicht schon herumgetrieben! Unter der Erde, über der Erde, große Pissoire, kleine Pissoire, hellgekachelte Wände, mit Teer bestrichene Wände, runde Becken mit Trennwänden, eckige Becken, keine Becken, keine Trennwände, winzige rote Backsteinhäuschen, schwarze Blechhütten, Bahnhofstoiletten, Straßenpissoire in Paris, wo man von außen die Fußpaare zählen und oben durch die Lochmuster im Blech vielleicht schon ein Gesicht sehen kann, angerostetes Emailleschild »Bedürfnisanstalt« von Kiel bis München, Mittag, Nachmittag, Abend, Nacht, Morgendämmer, Pissoire an Brücken, Pissoire zwischen drei Stadtbäumen, sinnloses Herumstehen in leeren Vorortpissoiren, aufgeilende Lektüre eingekratzter

Inschriften, Pissoire, die nach nichts als Urin stinken, Pissoire mit Desinfektionsgeruch, Pissoire mit Wärtern, Pissoire mit Wärtern hinter der Tür, Pissoire ohne Wärter, Pissoir, in dem die Lampe kaputt ist und in dem es von Männern wimmelt, die alle nacheinander greifen, ohne sich zu sehen, die einander betasten und aneinander hantieren, schwacher Lichtschein von der Tür her, Verdammte in einer Höhle, Pissoir, in dem niemand mehr ist und in das niemand mehr kommen wird, Pissoir, in dem früh um vier ein älterer Mann seine Hose herunterläßt und sich das Glied des einzigen, der außer ihm dort noch rumsteht, in den After schiebt, Pissoire, in denen nasses Laub liegt, Pissoire, in denen trockenes Laub umherwirbelt, Pissoire, in denen das Wischtuch des Wärters den Stehenden um die Füße fährt, Pissoire mit schwachem gelbem Licht, Pissoire mit weißem Licht, Pissoire mit Vorräumen, Pissoire, wo alle nebeneinander stehen, Pissoire, wo man sich umdrehen muß, Pissoire, von denen man mit jemandem nach Hause ging, Pissoire, von denen man mit jemandem hinter einen Bauzaun ging, Pissoire, wo man mit jemandem blieb, Pissoire, wo man niemanden fand, Pissoire in Neapel, in Osnabrück, in Köln, in Ulm, in Lyon, in Brüssel, in Stuttgart, in Mannheim, in Paris, in Hamburg, in Augsburg, Pissoire, Pissoire, Pissoire, wo Männer hinkommen und stehen und hinsehen zu dem andern und hinlangen und wieder fortgehen, allein, zu zweit, Pissoire, Pissoire . . .

Eberhard riß die Augen auf. Nein, er hatte Glück gehabt. Dieses alles war, seit er Klaus kannte, für immer vorbei. (S. 130–131)

Eberhard wird, nachdem er anfangs an seinen Partner Klaus denkt, geradezu überflutet von Erinnerungen an Pissoire. Diese Überflutung kommt sprachlich zum Ausdruck in einer litaneihaften Aufzählung, in der immer und immer wieder das Wort »Pissoir(e)« vorkommt. Der Überflutung setzt er erst einen Damm entgegen, indem er die Augen öffnet und wieder an Klaus denkt. Dass dieser Damm so mangelhaft funktioniert wie Günter Steins »Markstein [. . .], der ein dunkles und verworrenes Land abschloß, das er nie wieder betreten würde«, wird im Verlauf der Eberhard-Handlung deutlich. Es sind die Pissoire und die Parks, die die Oberhand über die Liebesbeziehung gewinnen.

Die sexuelle Transzendenz, auf die *Zaunwerk* hindeutet – vor allem in seinen zirkulären und repetitiven Strukturen –, kann man mit dem negativen, destruktiven und asozialen Charakter in Verbindung bringen, den Sexualität neben positiven, lebensfördernden und sozialen Momenten aufweist. In der französischen psychoanalytischen Theorie hat Jacques Lacan diese destruktiven Komponenten als *jouissance* oder Genießen von der Lust (*plaisir*) unterschieden.[1] Noch aufschlussreicher ist für den Bereich der Homosexualität die Theorie Le Soldats, die ins Zentrum ihrer Revision des Ödipuskomplexes einen Wunsch stellt, den sie als für alle Menschen gültig ansieht: Der »Hammerschlagwunsch« ist der Wunsch, »anal vergewaltigt zu werden«, und zwar mit Todesfolge. Dieser universelle Wunsch, den alle Menschen erlebten, sehe sich allerdings einem »Hindernis« gegenüber, »welches die anderen Triebkomponenten nicht kennen. Die Physis selbst nämlich, [. . .] denn die Schmerzgrenzen erlauben es dem Körper nicht, jene Aggression zu erleiden, welche das Seelische sich wünscht«.[2] Nach Le Soldat gibt es eine bestimmte Triebentwicklung, die keineswegs Homosexuelle von Heterosexuellen unterscheidet, sondern die

---

1) Vgl. zusammenfassend Dylan EVANS: Wörterbuch der Lacan-schen Psychoanalyse. Übersetzt von Gabriella BURKHART (Wien 2002) S. 113–115 und 306–308.

2) LE SOLDAT, Grund zur Homosexualität S. 175–176.

*Schwulen* von den Heterosexuellen *und* den Homosexuellen, da sie den »Grenzwall«, den der »Hammerschlagwunsch« errichtet und der alle anderen Triebentwicklungen abprallen lässt, überwinden. Jenseits des Grenzwalls liegt das schwule Imperium, eine ›neue Welt‹ am ›anderen Ufer‹, in der der Hammerschlagwunsch in ganz anderer Weise präsent ist als im Bereich aller anderen Triebentwicklungen.[1] Dieses schwule Imperium jenseits des Grenzwalls lässt sich mit dem ›dunklen und verworrenen Land‹ der Klappen und Parks identifizieren, gegen das Günter Stein und Eberhard Beziehungsdämme errichten – Dämme, die nicht halten, sondern überflutet werden. Das titelgebende und eine ganze Welt konstituierende *Zaunwerk* erscheint hier als hinfälliges Stückwerk. Eine Antwort auf die Frage nach der sexuellen Transzendenz, auf die die Jakobsleiter deutet, ist die Transzendenz einer Lust, die unerträglich wird, weil sie die psychische und physische Integrität des Subjekts bedroht. Zu ihr stellt die schwule Sexualität eine Brücke dar. Die *Schwulen* lassen sich deshalb als Engel lesen, weil sie Boten sind, die von dieser anderen Welt gehört haben und im Diesseits der Sexualität die Information verfügbar halten, dass es das Jenseits gibt – nicht nur, aber auch für Heterosexuelle.

Wenn, wie ich argumentiert habe, in *Zaunwerk* die poetische Sprache mit dem Cruising identifiziert wird, dann ist ihr auch diese Dimension des Cruising eigen: Sie erschöpft sich nicht in der Mitteilung, sondern lungert selbstbezüglich im Zwischenraum zwischen Sender und Empfänger herum,

---

1) Le Soldat: Grund zur Homosexualität; vgl. Monika Gsell: Was ist anders am »anderen Ufer«? Zu Judith Le Soldats »Grund zur Homosexualität«, in: Journal für Psychoanalyse 57 (2016) S. 27–47.

füllt den Platz aus, auf dem Zäune errichtet und eingerissen werden. Von dort aus überflutet sie, bricht Dämme und reißt Marksteine um. Der Fortschrittshoffnung, wie sie sich am Ende der Roland-Reihe andeutet, steht damit ein zweites Modell zur Seite: ein einer negativ-metaphysischen Transzendenzhoffnung zugehöriges Modell der Überschreitung und der eruptiven Umwälzung, das das Gegebene nicht als notwendig anerkennt.[1] Aus dieser Sicht handelt es sich bei *Zaunwerk* um nicht weniger als einen schwulen Pioniertext im emphatischen Sinne. Umso ironischer mutet es an, dass er erst mit dieser Ausgabe aus dem Schrank kommen konnte.

---

1) Vgl. Gerhard SCHWEPPENHÄUSER: Marcuse und der Streit um die Metaphysik, in: Weimarer Beiträge 65 (2019), Heft 1, S. 80–96.

# Inhalt